目錄

夢參老和尚略傳

夢參老和尚生於西元一九一五年，中國黑龍江省開通縣人。

一九三一年在北京房山縣上方山兜率寺出家，法名為「覺醒」。但是他認為自己沒有覺也沒有醒，再加上是作夢的因緣出家，便給自己取名為「夢參」。

出家後先到福建鼓山佛學院，依止慈舟老法師學習《華嚴經》，該佛學院是虛雲老和尚創辦的；之後又到青島湛山寺學習倓虛老法師的天台四教。

一九三七年奉倓老命赴廈門迎請弘老到湛山寺，夢參作弘老侍者，以護弘老生活起居半年，深受弘一大師身教的啓發。

一九四〇年起赴西藏色拉寺及西康等地，住色拉寺依止夏巴仁波切學習西藏黃教修法次第，長達十年之久。

一九五〇年元月二日即被令政治學習，錯判入獄長達三十三年。在獄中，他經常觀想：「假使熱鐵輪，於我頂上旋，終不以此苦，退失菩提心。」這句偈頌，自我勉勵，堅定信心，度過了漫長歲月。

一九八二年平反，回北京任教於北京中國佛學院。

一九八四年接受福建南普陀寺妙湛老和尚、圓拙長老之請，離開北京到廈門南普陀寺，協助恢復閩南佛學院，並任教務長。

一九八八年旅居美國，並數度應弟子邀請至加拿大、紐西蘭、新加坡、香港、台灣等地區弘法。

二〇〇四年住五台山靜修，農曆二月二日應五台山普壽寺之請，開講《大方廣佛華嚴經》（八十華嚴），二〇〇七年圓滿。

二〇〇九年以華梵大學榮譽講座教授身份來台弘法，法緣鼎盛。

二〇一七年十一月二十七日（農曆丁酉年十月初十申時），圓寂於五台山真容寺，享年一〇三歲。十二月三日午時，在五台山碧山寺塔林化身窯荼毗。

禪・簡單啓示

夢參老和尚開示錄 第三集

禪・簡單啓示

二〇〇四年　五臺山普壽寺

什麼叫禪？很簡單，大家把「禪」字拆開，左邊是「示」，右邊是「單」，就是「簡單啓示」。

什麼叫「簡單啓示」？

無言說、無文字、無形相，一切都不立，這叫禪。

這個道理很深奧，這是以眼會眼，以心會心。

觀身與觀心

二〇〇三年元旦　台北蓮華學佛園

人生是無常的，這個生命給我們的機會不太多，大家要想在這個有限的生命中，享受無窮無盡的事業，很難！因此大家要掌握住時間，千萬不要懈怠！放逸！一旦放逸，不論學也好，行也好，就不會運用了，不能夠開悟，也不能得到智慧。

現在住佛學院的目的是學，學的目的是做！就是因爲我們不會做才學，學什麼呢？學怎樣明白！學般若，般若就是智慧，不明白你能做事嗎？必須得有智慧，有了智慧做什麼都能夠得成就，如果沒有智慧做什麼都不會成就的。

還有學佛法，指導我們的心怎麼樣去想，怎麼去運用。這個妄心，我們掌握不住，就由著它放逸，你不會運用，所以不能夠開悟，也不能得到智慧，更甭說了生死解脫了，根本不可能。

我們什麼事都做不了主，像我們有病作不了主，想要它不病，不可能的。我們經常說「修觀」，觀照的力量能夠轉變我們的生活習慣，但是這只是說現前的時候（現生的時候），你不能轉變過去長期留了下來的業果。你過去所作的業，現在已經成了果了，你要想轉變這個果，必須有很大的力量。曉雲法師也好，我也好，命不該死；要是該死的，誰也沒有辦法，要是壽命盡了，誰也沒有辦法。因爲我們仰仗佛力的加持在維持，這也維持不了好久的，死是必然的！

我是一九九六年元月在彰化開刀，那位主治醫生告訴我：「老法師！頂多能保證五年！」但是，到現在爲止，我已經超過五年了。就拿我作例子，我隨時在準備死，像我們諸位的道友，年輕一點的，二十來歲，沒有跟誰訂過合同，說我好久會死！這個合同恐怕誰都沒有訂過，訂了也不管用，我說這些做什麼呢？就是大家在學的時候，要精進，千萬不要放逸！因爲生命是無常的，這個世界的一切事物，「凡所有相，皆是虛妄」，都是無常的，我們在學的時候很明白，但是做起來很糊塗。我如是，我想大家或許有的比我好，大多數都和我差不多。因此，也感覺到生老病死苦，時時跟著我們。那麼，自己能掌握的，就是我們自己督促自己，讓自己不要放逸；不放逸，就要去做！你自己才能做得了主。我們佛弟子能掌握住自己，我剛才說不能掌握，那是另一種，所以你要是修行的話，能做得主，你自己能掌握。你可以事先知道你要死了，或者知道因緣盡了；因緣盡了，你必死。緣沒有了，已經散了，必須死。

我們諸位的道友們、同學們，注意到這一點，對老法師也好，對我們自身也好，可以來驗證我們的修行如何？也就是驗證我們做的如何？我們做對了，那麼就能延續，也就是我們的因緣；如果因緣滿了，不能再延續，走就走吧！走了並不是壞事，就像我們開車，在這個道上堵了，行不通，你換個跑道，別一定賴在這個道跑，換個跑道並不見得是壞事。現在老了，不經用了，換一個，重新再來吧！那當然是了，我求生極樂世界，但是能不能生到還是個問題，就看你修行的力量如何？能生到你還得回來，並不是生到就不回來了。因爲你的緣都在這個世界上，能不回來嗎？這是個人的意願！

就是現在生的這個社會、這個世間，你所能做的，就是要能跟三寶結合起來。還有，大家學的都是大乘究竟了義法，了義法就是要明心見性，曉得一切諸法都是唯心所造的，那麼先把你的心修好了，修心就注意到你現實的念頭，你一天當中，從早到晚，你都起些什麼念頭？別的人你也許不知道，你自己起什麼念頭，還不知道嗎？如果你能控制住自己的念頭，你起了什麼念頭？要是這一念跟我不相應，不是了生死的，是往生死道上鑽的，就趕緊截止這個念頭，不讓它繼續了。

最近同學、道友經常說讀誦大乘，讀誦大乘是不錯！那是文字，文字是記載佛所說的話，這是叫我們做什麼？目的是要我們去做，如果知道了不去做有什麼用處？念佛能了生死，念菩薩能加被我們，爲什麼？我們念菩薩會加被，眞正的念《藥師經》或念《地藏經》，我們就能轉變了嗎？是眞正藥師佛來轉變我們嗎？加持我們嗎？

大家要修行、要觀照好，這是自己的心，承認不承認呢？承認也好、不承認也好；不承認是你的迷，承認是你的悟。當你念《藥師經》的時候，你就是藥師佛，當你念《地藏經》的時候，你就是地藏菩薩。由於你心念注意的時候，你所觀想的是地藏菩薩，地藏菩薩跟你結合在一起了；當你念觀世音菩薩時，觀世音菩薩跟你結合在一起了。唯心所現、唯識所變，懂得這個道理，你說修行、拜懺也好、念經也好、幹什麼都好，先注重你的心在想什麼？如果你拜懺、拜《藥師懺》，卻想到別處去了，甚至想到觀音菩薩了，都不對，因爲你現在拜的是《藥師懺》、藥師如來，你就想著藥師如來！你在這裡拜《藥師懺》，心裡卻想地藏菩薩、想觀音菩薩，這也不對，這叫妄心，還不說你想到世間，想到貪、瞋、癡上，那更不要說了。同是淨法，你現在修的不是，在西藏教義，你修那個本尊，你一心一意都是拜這本尊，要是心裏想到別的本尊，就把你的意念給岔開了。

諸位同學、諸位道友，你想一想我們現在是做什麼的？我們是佛弟子、是學佛的，學佛的語言，觀想佛的語言教我們怎麼做，重點是要去做。學哪部經，哪部經都有修行次第，過去我不懂，但是這幾年我懂了，每部經都有修行次第，這部經是這部經的修行次第，是對這一批人說的，佛告訴你怎樣修、怎麼樣修？對那一部經，是對那一批人說的。佛不是說了八萬四千法門嗎？這是對機說法，不對機了就是矛盾。現在我們這個佛學院也好，請法師給你們講課也好，他對不到機啊！他沒有那個智慧，請的人是代表，來聽經的人不是這樣，很複雜。不是觀機說法，而是要我們這個機、自己找，看這部經合適否？聽這個法、參加這個法合適否？如果不合適，你也開不了悟，你得到的利益很小，種個善根而已。如果這部經對你的機，你一念就生大歡喜，你照著去學！久了就能成就。

爲什麼現在我們修行的人很多，佛學院住的人很多，可是在道業上卻倒退很多了？要是倒退五十年、倒退六十年，就不一樣了！這是什麼原因？不是時代不一樣，每天也是二十四小時；社會的變化，外觀的境界不同了，是我們內心世界的變化完全不一樣了。愈後來的人，業愈重，我們看社會上雖然生活進步了、生活很好了，但是我們在道業上是退步了。

我在鼓山法界學院一九三二年入學，到一九三五年畢業，共有五十位同學，其中只有一位病死。在那幾年當中，我們也沒有什麼星期禮拜、沒有什麼休息的，就是初一、十五，放個香、休息休息，時間很短，二、三個鐘頭，同學們感到很自由的。只有一個老法師，就是這個樣子。印順法師也到那裡去，他本來是去當學生，慈舟老法師請他代課，結果他代沒幾天，沒辦法，他也走了。我們就只有慈舟老法師一位法師，這麼多個學生，學生得自立，都靠自己管自己！一天二十四小時，放逸的時間都沒有，那時候老法師身體還算好，上午講戒律，下午講華嚴；上午講華嚴，下午講戒律，就是這樣，一天就這麼幾節，同學們沒有跑的、沒有倒的！

現在的學校，我在中國佛學院講課開示，畢業了，五十個學生當中，剩下十幾個，其餘都還俗了，因爲他們是從社會上招來的，並不是在寺廟裏招的。現在的佛學院，雖說有成就，是什麼成就呢？如果能講、能說的，那只是在學院裏頭，到社會上裏頭去講就不行了。像台灣佛學院很多，法師也很多，可是眞正自己能夠解決問題的，又有好多呢？這個我不說了，同學們都知道。自己都解決不了自己的問題，還要去解決別人的問題，怎能辦得到？找我們三寶求，我們本身都不健全，拿什麼給人家？這是指我們比丘、比丘尼、優婆塞、優婆夷，我們都是佛弟子，都有弘揚佛法的責任。說句老實話，我們要問自己的心。

因此，我勸我們的同學，要精進，在生、老、病、死、苦上，能夠解脫、能夠解決問題，才能幫助別人，別人求我們才能夠幫別人，能做到這一步就很不容易！希望我們諸位同學多注意，我簡單拉雜說這麼幾句，謝謝大家！你們有什麼問題？現在時間還很多，我想聽聽你們的情況。

問：〈影塵回憶錄〉中提到，諦閑老法師生病時說：「觀是假的，疼是眞的。」請問這句話的涵義？

老和尚：諦閑老法師害病的時候，那是很痛的，痛的人都會呻吟！老法師就「唉呀！痛啊！」那侍者就問：「老法師！你不是會修三止三觀？病是假的，您可以修假觀？」老法師：「觀是假的，痛是眞的。」那位侍者當然是也不再說了。但是現在，你是怎麼理解呢？觀是假的、痛是眞的。這不是機鋒轉語，或者是給我們個警惕吧！學者是這麼講的。

但是這個問題，你提到這裡來，我自己也受過的，我的一生，痛苦的時候受得太多了，我們可以從這裏鍛鍊出來。苦是眞的，痛是眞的，我們能轉化它？不錯。觀是假，觀假，觀假先觀自己這個肉體是不是假的？諦閑老法師，〈影塵回憶錄〉所講的，那是啓示的！

我在倓虛老法師跟前，我也是他的衣鉢、他的侍者、也是他的書記，那時對外的事都是我去的。一九三六年，我們待在般若寺，一天二十四小時，休息時間沒有好多時間，傳戒，我那時候是什麼職務呢？衣鉢、講戒、引禮師，每一地方都有我一份，另外還要幹什麼的呢？很不好處理！那時，日本的特務機關，天天到我們那裏去查。那時有一千七百多人在裏頭住，這裏頭知道有什麼人嗎？有人說我們那裏頭有游擊隊，要我們查。我記得那個時候是這樣，本來日本的特務機關要找老法師，大家開會，討論的結果是不能讓老法師出場，如光法師也不能出場，般若寺的方丈也不能出場，那找誰出場去日本的特務機關啊？那時我很小，才二十三歲，偏偏叫我去，到特務機關去備案，那要如何想呢？那種情形在我們來說是生死關頭，過了之後，我們也沒有提過這些事情。

一切法都如是！這就是諦閑老法師說的那話，也就是〈影塵回憶錄〉所引的那句話的意思，你把這些事情看假了，老法師就說：「痛是眞的、觀是假的。」一翻過來，觀要是假的，眞的是假的，還有痛嗎？沒有痛了。

平日，我們大家觀照時沒有什麼，當有病、痛、危險、災難的時候，生死關頭，看你怎麼認識，爲什麼修行？我剛剛囑咐大家修行，就是要應付這個，你還能病得比我多嗎？不是說做這個，一生也能病！就是在你日常生活之中，舉心動念的時候，有沒有定力？特別是舉心動念，舉心動念誰也看不到，只有你自己知道，所以我們這個修行，依照佛教導我們的去做，做了才能降伏你這個心，如果你不去做，就降伏不了它，你要是能降伏，什麼都能降。你雖然可以降伏千軍萬馬，就是降伏不了你自己的心。看看各國國家的元首，歷代的帝王，能降伏他的心嗎？他是放逸他的心。所以我們和尙、出家人、佛弟子能降伏自己的心。當然要靠平常練習！你臨時要用，還行嗎？

我說話向來直說的！你們看〈影塵回憶錄〉，看它的重點在什麼地方，老法師說過這麼一段教理，「觀」。觀是假的，你的這個觀就是思想，思想就是思惟修，簡單的說，就是想。《心經》第一個字就是「觀」，《心經》第一個字就是「觀」，「觀」什麼？觀一切、一切法，包括你自己的身心、外頭的世界，也就是現實生活當中，你怎麼看、怎麼認識它？我們所學的、佛所說的法，都是讓你用到日常生活當中，修行要是不用到日常生活當中，那法有什麼用處？沒有用處。

修行就是要轉變自己，用到日常生活當中，吃飯、穿衣、痾屎、撒尿、晨昏、男女、睡覺、作夢都包括在內，你怎麼用這個觀，就是想？倓虛老法師教我們：「看破、放下、自在」，就這六個字，你把什麼事情看破了、放了，看破、放下就自在了。就是你這個病，這身體是假的，《楞嚴經》說：「有覺覺痛、無痛痛覺」。佛告訴我們有覺才痛，覺到的是痛，但痛、痛不到覺上去，修嗎？你要是這觀修成了，你不痛，覺都沒有了，為什麼？打麻藥針它不痛？有人開刀打麻藥並不痛！

這就是靠平常自己的鍛鍊，你平常要吃點苦，不要水一涼了也不得了，腳生了瘡也不得了，那是什麼？平常沒有功夫，你看不破，把這個身體當成眞的，你看不破就放不下，放不下當然要痛，你看破了，經常這樣講：「這是假的！」你要是眞能把它觀成假的，假的，什麼都不痛了，這就「看破、放下、自在」。所以你觀想，觀自在，想得好、修成了，你看破、放下就自在了！你觀你自在！他觀他自在！不觀就不自在，所以觀自在，明白這個意思嗎？誰觀誰自在，看你觀不觀。

問：能否說明您請弘一大師赴湛山寺的因緣？

老和尚：我大概是一九三六年底請弘一法師，這是因爲我們閒談引起的。以前請慈舟老法師，也是因爲閒談的緣故。

慈舟老法師講〈大乘起信論〉，他讚歎倓虛老法師：「你講〈大乘起信論〉講得很通順，跟日常生活結合。」倓虛老法師講課、講經就是跟日常生活結合起來，慈舟老法師就講得比較深奧了。最初就是因爲這個緣起，去請慈老法師。

慈老法師請來了，老法師那時在福州法海寺，這個時候，我就待在福州寺廟裏頭一個養靜的地方，我請慈老到湛山寺，好多居士要請慈舟老法師去北京，我們就把慈老法師送到北京了。湛山寺本來是要講戒的，結果沒有講成，閒談起來，在國內弘揚戒律的大德當中，我們談到弘一法師，我對弘一法師有印象；因爲那時弘一法師在廈門，我們在鼓山當學生，那時要請他之前，我並沒有見過，那就談起來，「倓老！要怎麼請他呢？」「他哪裡也不去。」他出家後就只有一次到北方弘法。他出家二十二年就是在杭州、溫州、廈門、泉州這幾個地方。

但是我請他來，不是像別的法師一請就去了，剛開始根本沒有答應。我整整待了差不多半年，請了半年還是沒有答應，一九三六年到一九三七年的過程就是這樣。

我當弘一法師的侍者，很多道友說：「我要親近親近弘一法師。」我說：「你親近不到的，你生在同時也親近不到。」他的門總是關著，你怎麼親近？去了，就這麼一個傳貫法師，現在也走了，現在還在的，就剩我這麼一個。弘一法師就跟我們倆說說話、開開門，任何客人他不接待，怎麼說呢？學戒的人性情很怪，他不接受的。而女眾，絕對不可能，男眾也都不可能了。

最初請弘一法師到湛山寺，他不答應，後來才答應了；答應去了，又發生七七事變。他的身體很不好，講課講《隨機羯磨》，聲音很小，大家聽不見；後來找仁開法師代課，去的時候仁開、圓拙、傳貫加我一個共四個人，現在這些道友都不在了，剩下我還沒死，但也快了。

問：請問您的弘法經驗？

老和尚：弘法經驗，第一個得看跟你有緣沒有緣。在我小的時候，佛學院裏頭有這麼二句話，大家經常要觀想：「依文解義，三世佛冤。」照著經上解義，照本宣科的講，跟佛是冤家對頭，這是不可以的。不照著經講，那我照著什麼講？講經的時候，不能夠依著經本來取它的義，依文解義，三世佛冤，這要怎麼講？翻過來下句：「離經一字，即同魔說。」離開經本一個字，你說法就是魔說，不是佛說的。我們同學們想一想，在這個中間你怎麼做？

在這個問題上，我被人家問過的次數很多了，那是刁難法師，簡單說是刁難法師，你在那裡講，尤其是我們年輕法師，從十九歲、二十歲開始講經，老居士看你是年輕人，拿你半開玩笑，拿很多佛經的道理來考驗你。他問我，我怎麼答覆呢？他問：「法師，你怎麼講？」我說：「很簡單，不即不離。」依文解義不可以、離經不可以，那我不即不離該可以吧！怎樣不離法呢？我們講經決不能離開佛說的，那一定得跟日常生活結合起來，講經不和日常生活結合起來，講經有什麼意思呢？我們也講故事，講故事要跟經結合。你講經的時候要對機，就是你要看一看聽的是什麼人，如果這一班有時多數是大學生、大學老師，你要是還像跟一般人那樣講，大學生絕對不聽。

因此，第一個要對機，第二個看看什麼人來聽的？聽的人很復雜，像我說的都有，像我這次在杭州講《金剛經》，你看聽經的百分之八十都是老太太、退休的老公公，你跟他講《金剛經》講得很深，他們能懂嗎？能對機？下回會再來聽嗎？他來聽了，他也坐在那裡不動，聽不懂，他要聽的是浙江話，我說的是普通話。還有，語言上的障礙、文字上的障礙、思想溝通上的障礙。

每位法師練習的時候，先通俗，叫人明白，不懂的時候，看聽課的人都快瞌睡了，一味讚歎你，讚歎你就是快睡著了，怎麼辦呢？你把經文略一下，講段故事，跟經相合的故事。經過你這一講，大家的精神就來了，人人都愛聽故事，我要是講經，特別會引用濟公傳的故事，但是講哪一段故事得配合經文的意思，要非常相合，你不能所講的故事跟經義不相合了、違背佛說了，要跟經義很相合。雖然是講故事，要把這個義理隱含在淺顯的文字裡，這樣大概一般的機可以攝的住，高深一點的畢竟是少數。

現在是末法時代，跟正法時代不同。古來從唐朝到宋朝或者到明朝，那時候講經的法師要講經，不是像我們這樣講經的，你要講《金剛經》，來聽你講這部經的人，他對《金剛經》都是很有研究的，他們都會背了；而且要聽經的時候，自己揹著米，常住是不供給；揹著米、拿著單錢，到我們這裡。現在掛單了有單錢，那個時候到那掛單、聽經，你得給常住交錢，我聽三十天或聽五十天要交好多的米，而且他沒有帶很多錢，不是交很多，他聽你講講大意就走了，他主要是看看你的觀點，跟他相同嗎？他就是在你這裡取個悟處。

為什麼智者大師講經，講《妙法蓮華經》，九十天就講一個字「妙」，九句談妙！九句，九十天只談一個「妙」字，這個「妙」字就把《妙法蓮華經》講完了，對我們現在人，九句談妙，你談嗎？你把人家談得頭都挺不來了，這樣你還「妙」嗎？

現在講經的時候，特別要對機。你在佛學院講經，跟在社會上講的完全不一樣，要是一樣的就沒有辦法了。所以我們南普陀寺的、閩南佛學院的、中國佛學院同學們，畢了業之後，留校講經，只能在佛學院講，出了佛學院，就不能在社會上講。像我們台灣的法師在社會上講，經常在電視上講的，他很熟，他能說，但是眞正要深入，就要到佛學院，所以說法，一定要對機。

你要講這部經，對這部經從前到中到後，你得融會貫通，要是你講這課，看一段講一段，這樣是不行的，絕對不行，你得把前面的講到後面去，後面講到前面來。你可以用經講經，也可以用這部經講另一部經，我自己是這麼講是這麼做的，希望我們法師們也看一看、試驗一下。

問：老和尚您剛剛說請弘一律師出來請了半年，那您是用什麼方法讓他能夠上湛山寺？

老和尚：每個人都有他所好的。任何人都有他的愛好，他的專業；你得投人所好、投人所長。那時，我請他，他不去，不去了那沒辦法，我就跟他告假。後來倓老法師來電報催說：「弘一老法師不來就算了。」我們那時是用電報連繫，那時候沒有像現在的長途電話。要走了，我心裏硬是想不通，還沒有完成任務，要走那天我就跟他告假，我說：「老法師，我有一個菩薩戒上講經的問題，經義上我不太懂。」老法師說：「你說。」我問：「菩薩，人家請他說法，不說，犯不犯戒？」老法師說：「這是什麼意思？」我說：「沒什麼意思。這句話，我不懂。」他說：「你下去！」那天下午常住法師就叫我說：「老法師叫你。」我就去了，弘一法師說：「你跟倓老打個電報，我們後天走。」怎麼這麼快，說走就走，我也沒有再說話了，那樣就好了，完成任務了。

這麼一句話，問他一下，他就去了，就是這麼一段過程。他是持戒、學戒的，你得看對方，什麼能動得了他的心？你自己得用腦筋，怎麼樣子才能得到？就是現在說發財，或者想變瘦，他不去求，等待妙方，完全得不到。事與願違，你想幹什麼，我們剛才說講修道的，講成佛、解脫，那你只有去用功，我剛才不是跟大家說嗎？你要行！你不行得不到的！信、解、行、證，你信了還得明白，這非學不可。我們這裡好多是有信心的人，不過，現在我們都沒有這信心，我這話說的過份了，現在包括我們在座的好多人，對法、佛所說的話，沒有這種信心，包括我們老一輩的和尚也算在內，怎麼解釋呢？我這信心還算是高了，依《華嚴經》的信心，你相信，你就解脫了，與佛無二無別了。

我們諸位道友，你相信你是佛嗎？有人說：「我相信。」那麼，你做的是什麼事？你看佛做的是什麼事？你對照一下，相信你是佛，你自己相信是佛，佛做佛事，你做點什麼事？你還不流轉嗎？多打幾個問號，有信心嗎？你要看一看信心所要求的，要相信自己是佛，有人說：「我哪有那本事！」其實他本身就具足的！我們修過大乘教義的，是心是佛，是心作佛，沒有這個信心，你想成佛啊？信你自己這個心，相信你這個心與佛無二無別！建立你這樣的信心，希望每位諸位道友相信自己是佛。

第二個問題，佛做什麼事？你做的是怎樣？那你就督促自己，一定要作佛，做不到的話，慢慢做，一年做不到，十年，十年、一百年、一萬年、千千萬萬年，看看地藏菩薩當了大菩薩多少年？沒辦法算，不可知數，我們說成佛三大阿僧祇劫，那是對人間說的，其實他無量劫了！懂了這個道理，一定要相信自己是佛。

問：唱誦裡頭有「金剛念」，「金剛念」要怎麼念？

老和尚：「金剛念」就是不斷的意念。「金剛念」在你這個念頭，一切都破壞不了；這個念我剛才說的就是這個意思，念念相續，不要間斷，反正就是依著佛的教導來攝我的心，不讓它跑了，念念相續，如果你能念到念念相續不斷念佛，一定可以生極樂世界。

問：有沒有方便法可以練習？

老和尚：「金剛念」就是方便，本身就是方便了，不是方便的話就不用念了。什麼都不用念了，當下成就，所有佛所說的一切法都是方便，那根本就沒有，無話可說。

問：老法師可不可以說一說用功修行的方法？

老和尚：我說這些不都是嗎？

問：您修持的功課？

老和尚：告訴你，我的功課，你也不肯做的！要定時定量，得自己規定自己，好比我今天要念《金剛經》、念《阿彌陀經》、念《觀音經》，乃至於〈普賢行願品〉，我定了好多功課，我在什麼時候念？一定在這個時候，定時定量；乃至於一生，從我現在開始，一直做下去，我就做這件事。因爲你們不可能，所以我們懂得做，看佛怎麼做？能做得到？

早晚課，本來是祖師們這麼規定的，但有好多人早晚課都沒有上。你得定時定課，你得自己要求自己，我前面講，大家不要懈怠，就是這樣子，你自己要管自己！靠別人管是管不住的！特別是你的心，誰也管不了，因爲不知道，誰知道你心裏想些什麼？你自己知道，它一跑了，你就拉回來。到了那時候，你再去學道，什麼苦都能克服，等你身心分離的時候，你也能克服，自己做得了主，那就有本事了！

祖師禪與如來禪 之一

二〇〇三年元旦　台北蓮華學佛園

現在大家進入這個禪堂，什麼叫做「禪」？禪就是寂，寂也就是靜的意思，進了禪堂，一切動作都沒有了，禪堂外的、禪堂裏頭的都寂靜了。本來在禪堂裏頭，據我所參學、所知道的，很少語言，可以說是沒有語言。但現在我們是方便，我跟我們的導師曉雲老法師，談了半天，我們現在把它作爲「禪淨雙修」的道場，那麼在這個問題上就可以多說幾句了。

「萬境本寂然」，萬境就是萬法。萬法本身是寂而不動。沒有語言、沒有思惟，言語道斷，言語那條路是走不通的。心心寂滅，心裏的思惟，心裏所有的緣念，一切都放下了，這就叫禪。今天馬校長給我兩本書，其中一本是「牧牛圖頌」，在一般的教義上說，那是第二義了，已經不是第一義。

一般禪堂的禪，大都是宣揚「祖師禪」。「如來禪」是根據你的心意識來參，有些則教授止觀等等的入門方法，那是可以說的；而且依著你的心意識來參。「祖師禪」則是斷絕了心意識來參，大家想一想，離開心意識，你還參什麼？因此進入禪堂的時候，你要至心觀想，什麼叫做「禪」？「禪」就是心，「禪」的意思很多，禪是心，簡單說就是直指人心，禪門一炷香，頓超直入、立證菩提，頓超直入是不假次第、沒有言說，到這個時候不用講什麼開示！所有開示一律都沒有，只能到那個地方，參、不參，都是多餘的。就是心！這一炷香坐下來，立證菩提，怎麼證得呢？這就要大家參。

以前在雪峰寺，大家坐完禪、開淨，一打板，一放香，五十三位師父全開悟了，在屋子的人全開悟，恭禧、恭禧，選佛場，那大寮的一位師父想，禪堂的師父今天都悟道了，就把他做飯的杖一甩，他說：「我也悟了！」總共是五十四位。但是禪門當中，這種悟得、直指成佛之說，只是明心。理雖頓悟、事須漸修，禪門不講，在佛的「如來禪」就不是這個樣子講，它要你不著一切相。像我們這個禪堂，供一尊佛像、供桌，還要燒香、供這麼多東西，在禪門就沒有這些器物，有的就是中間立一尊達摩像，有的中間連達摩像都沒有，大家懂得就行了，我們這是方便。

現在，像「祖師禪」這種禪，如果大家參禪之前，先看了禪師的語錄，那是看不得的，最好不要看，看了不但自己進不去，也會影響你的思惟。因爲我們現在說的是自己的力量，自力很強的。如果自己的自力不夠，那麼「如來禪」就依著心意識提出修行次第，總要有個方便才能進修，「祖師禪」是沒有的，總要你斷絕了一切雜事及雜念才行。

因此禪堂裏的規矩，是沒有說話的機會，不論一個星期、二個星期，禪堂一入來就能參，我們則是以教爲主，大家上完課，該放假了，最後幾天休息！是這樣的意思而已。

現在，我們把這個禪，做深入的解釋。禪者就是心，直指你的心，你現在就觀吧！心在不思善、不思惡的時候，一念不生。一念不生、萬法皆空的時候，你的身、你的心在何處？你怎麼樣印取？在我們學教的人，學教跟禪的意思也有相合的，就是教導我們依著佛經來了解它的道理，「依文解義，三世佛冤」，依著經典來解釋佛的玄理的話，這是佛的冤家，不是佛的弟子。「離經一字」，如果你講經，離開經的一個字，「即同魔說」，在這不即不離的當中，你怎麼去悟得？那我們大家都剛聽完課的，離開經本上一個字，就是魔說的；如果照著經本上「依文解義」，就是佛的冤家。在這中間你怎麼掌握？這叫什麼？

在《華嚴經》，就是離相眞如、眞空絕相，在這個時候，你的心在何處？身在何處？是你的心知會身體嗎？還是你的身體影響你的心？要參的時候就要這樣參，身心本自空，身心本自空的這個空可不是我們一般說空性的那個空，身心本自空，那你如何去捨取？你怎樣投入、怎樣認識？認識了就大徹大悟了，不認識了，那還得幾十年、幾百年、幾千年！

你眞心想投入，依此法門，修行要道，那就離開心意識、離開語言、離開文字，一切都沒有了，乃至於離開你的身心，這個不是我們所能做得到的。那退一步說，「如來禪」，依著你的心意識來起觀照，大家學教義的都知道，也不要太囉唆，在「如來禪」跟「祖師禪」兩者之間怎麼樣取捨？你要覺察自己的根機，怎麼樣才適合。

我剛才說，大家沒有幹什麼之前，不要看那些語錄。看了語錄，一種你容易入魔，一種你容易未得謂得、未證謂證。你參禪會有很多境界相，現在境界相現前了，你以爲得到了，或者以爲你成了，也會機鋒轉語。過去的祖師大德很多這樣想，參、參、參，一個大字不識的，忽然什麼經書都識得了。作詩、作賦，以爲開悟不得了了，其實入了魔了！如果你能放下，當時識得，什麼都沒有了，未得道之前，要先遠離這個過患，把它摸清楚。

爲什麼進禪堂不跟你說任何話？因爲怕你隨人家的語言，隨人家的聲音轉，那一轉就不知道轉到哪裏？離開語言文字，我們一進禪堂就「參話頭」，「參話頭」的意思，就是你沒有說話、還未開口之前，未開口之前是什麼境界？你參一參。還沒起心動念的時候是什麼境界？你參一參。

在還沒有起心動念、沒有語言之前，「參」，這是「參話頭」，這叫直指人心。這裡所說的「心」字，大家可不要誤會，不是指你現在現前的這個妄心，我們現在的這個心是屬於生滅性質，一念起、一念滅，這裏所指的心，是不生滅的，一起心動念就錯了，禪宗沒有那麼多話的，愈說愈糊塗，說愈多你愈糊塗，你應該直取本來的面目，什麼是我的本來面目？

大家都失去本來面目了，如果有什麼問題，我們個別的談，禪堂裏頭是要大家直取本來面目，如何是你的本來面目？自己去識吧！

大家都認識你們的曉雲老法師，我最初來到台北的時候，我並不認識她，可是不認識她又爲何要找她呢？因爲聽說她是倓虛老法師的弟子，我一聽說，哪有這回事？她說這是眞的，是跟倓虛老法師出家的，我說不可能，我不相信。後來在永明寺找到她，我說：「倓虛老法師不收女弟子，怎麼會只收了妳一個？要是開方便門收，也不會只有妳一個，要是不開方便門一個也不能有！」她向我講：「這是個秘密！」我說：「我是倓老法師的弟子。」她也不相信！就拿〈影塵回憶錄〉來查，一看不錯，倓老法師有這麼個弟子，爲什麼呢？因爲〈影塵回憶錄〉裏有記載，我請慈舟老法師、弘一法師到青島湛山寺，是有這麼一位夢參法師，所以我們就溝通了。

她是代剃的，當時倓老法師害病，病很重，曉雲法師跪在那裡不起來，「您不給我剃，我就不走！」病的時候，倓虛老法師很難受，她就逮著這個境，跟倓虛老法師磨，「唉！算了算了，找個人跟妳剃了算了！妳走罷。」

在這個湛山門下，爲什麼倓老不稱極樂、也不稱般若，而稱湛山呢？最後在青島湛山這個地方修一間廟？因爲過去修叢林、建廟，跟佛學院始終鬧不好，最後他發願，在青島湛山，專門做佛學院，別的不做，不做叢林、也不做四眾弟子，到這裡來，就是入佛學院，湛山佛學院，情況是這樣，我簡單的說說。

話又說回來，我們這裡打禪七，曉雲老法師要我跟大家講講，我要了解一下禪七怎麼打？聽修園長、仁朗法師跟我介紹。其實你們這個禪七不能算是禪七！三天禪、三天淨，禪淨合了，那不就是禪淨雙修嗎？念佛就是禪，禪也是念佛。在這個意義上，我們大家可以來討論，因此就多說幾句，如果講禪就沒得說的。

禪師的偈子，你念阿彌陀佛，念念念，大家知道念阿彌陀佛要求什麼？好像人家說我們出家人，或者我們四眾弟子，比丘、比丘尼、優婆塞、優婆夷，你們學佛，佛好像也沒什麼要求、沒有一個標準，一部經看完了，或者學完了，你問他這部經說什麼？佛教你怎麼修？他說：「佛沒有說怎麼修啊！」佛教的每部經都是修！教你依著這部經，怎麼修、如何修！是對這批機的教怎麼修，我說：「你沒有讀經！」他說：「我讀啊！我一天讀一遍。」我說：「你根本就沒有讀。」無論哪部經都是告訴你修行的方法，從始至終，怎麼修，直至成佛，斷煩惱，哪一句不是斷煩惱？

在禪堂可不行了，有煩惱可斷？什麼是煩惱？離開禪堂，念佛堂就不同，念佛、念阿彌陀佛斷煩惱，《阿彌陀經》教你必須念到一心不亂，一心不亂是什麼？禪定！禪定就是三昧，你必須念到三昧！誰能達到一心不亂呢？你要達到一心不亂才能生極樂世界，才能了生死、才能解脫！若你三心二意的，一天就「阿彌陀佛」、「阿彌陀佛」，心裏還不知到哪裡去了。所以念佛比參禪要容易，這是一種。

另一種還要靠他力，他力是阿彌陀佛的願！他的願力，你念他的名號，他就把你接引過去，大家都念過《阿彌陀經》，不只阿彌陀佛！雖然說的是六方佛，實際上是十方佛，《阿彌陀經》的六方佛都來接引你，你念阿彌陀佛、念〈往生咒〉，決定能生極樂世界，《阿彌陀經》上說的。

但是你不一定今生就生，今生若沒生到，來生生，一定生到的，念阿彌陀佛一定生到極樂世界的。

《阿彌陀經》上不是說：「若已生、若今生、若當生。」「當生」怎麼說的啊？未來，將來一定能生，爲什麼呢？因爲六方佛都護持你，只要你念《阿彌陀經》、念阿彌陀佛，想生極樂世界，決定能生！這是誰做的保證？釋迦牟尼佛給你做的保證，釋迦佛說了《阿彌陀經》，《阿彌陀經》的六方佛都給你做證明，一定把你攝受到極樂世界，你想不去也都不行，信嗎？你念阿彌陀佛念到一心不亂就是定！就是禪！當你念佛的時候，念得心非常靜了，禪就是靜的意思，就是止。一切的雜事、散亂、外頭環境、惡境，你念佛時，始終念阿彌陀的心，轉變你外在的境，這就降伏了。

心顯境寂，心裏頭能阻礙的一切客觀現實都不存在了，那只有一聲阿彌陀佛，這是用禪定的功夫來念阿彌陀佛，決定能生。但是我們諸位道友念佛，你散亂否？有沒有散亂心？當你在這兒坐禪，有沒有昏沈、掉舉心？掉舉就是散亂，你怎樣用上功夫念阿彌陀佛？總之就是怕你懈怠。如果時間拖得很長，今生生不到、來生生不到，幾世就等著吧！你的善根成熟了，又念佛，六方佛又把你找到，決定往生。

念佛跟參禪不同，參禪全要自力，念佛還要仗佛力加持。你讀每一部經的時候，從頭到尾把這部經讀完，讀完了再回顧回顧，這部經教我怎麼做？是說話？是文字？這是要你做的！不只是要你說說聽聽就行了，念佛你得念！參禪你得參！用這個念佛的法門來降伏你的煩惱。

所以說：「念佛一聲罪滅河沙」，念一聲阿彌陀佛，你的罪業都消了，這得用禪的功夫，罪業有嗎？什麼是罪？哪個人也不能把你的罪業、業障拿出來看看，讓我們看看你的業障是什麼？你找找你的業障在哪裏？這就含禪意，念佛是要上生極樂世界，是淨。用念佛把你的心，那個妄想雜念、非佛念、不是念佛的心，把它洗刷一下、清淨一下，你念阿彌陀佛就想到了，阿彌陀佛幹什麼？他做什麼事？那我應當做什麼事？這點自己就很清楚，這樣子才是「禪淨雙修」。

念佛的時候也在習靜，靜的時候也在念佛，當你靜下來提起佛號，你念的時候，哪管是一刻鐘、十五分鐘，就是靜靜的念，那你受用很大，你以定的心來念，那是了了分明的。

你們有沒有過作夢的時候在念佛？夢中念的佛比醒著念的還清楚，醒的是作夢。我就是作夢出家的、作夢學經的，我以爲作夢比醒著還眞，這是我的認識。「一切有爲法，如夢幻泡影」，一切法都是假的，像作夢一樣，其實你醒著何嘗不是在作夢嗎？醒著也是作夢。你那個作夢，和你修行的功力，有些是佛菩薩示跡、警告，還有哪些是不妥的，你要是求生淨土的，告訴你不足的地方，不能一心念佛。

印光老法師說：「老實念佛！」廣欽老和尚以前也是開示「老實念佛」，這個很簡單，告訴你老實念佛，沒有其他的開示。我來台北，也有很多道友問我，我也就是這麼一句話，他說：「就這麼一句話？」你老實不老實啊？爲什麼這些大德們開示要老實念佛？因爲你不老實！您念佛老實嗎？念佛都不知念到哪裡去，你說參禪，你老實坐在那裡參嗎？你那個心意識不知道跑到哪個地方去了，不是這樣子嗎？你念每一部經，你把它迴向西方極樂世界，好比念《般若心經》、《金剛經》，《金剛經》雖然沒有說到極樂世界、沒有說到念佛，但跟它是一樣的，你怎麼樣住心、怎麼樣降伏心？如果你的心住在阿彌陀佛上，住在極樂世界上，這個住不是禪嗎？這就是禪。

有人念《地藏經》，就問我說：「老和尚，您叫我念《地藏經》，我想生極樂世界，念《地藏經》去得了嗎？」我說：「去得了！地藏菩薩把你送去！」念佛、念〈普賢行願品〉，普賢菩薩會把你送去！問題是你信不信？信完了之後，你做不做？等你做了之後再說效果。但是只有這幾天是不行的，這六天當中你修行很好也不行，時間也不夠，也沒有那個功力，一坐就開悟了，你在這一個星期當中，打這一個七，能夠把你的妄心收攝下來，這半年多學習的，包括自己學習的很多事物，雖然出了家，心裡還在家的一半，現在你們一放假了，還要往家裏跑，還要回家看看父母等等，牽罣非常多。臨時抽了幾天在這裏，這是曉雲老法師規定的，坐禪，你不坐也不好意思，勉強來坐幾天，這樣能開悟嗎？不可能！

人家住禪堂的，生死心切！懂得生死心切嗎？連生命都不在乎，都不要，修行就像打仗一樣的拼命，不論你念佛也好，參禪也好，這不能當兒戲，敵人是誰啊？就是煩惱，一天煩煩惱惱的，念佛也好、參禪也好，你門也入不了，就像我今年出家七十三年了，門都還沒入呢！混了這一生，千萬不要把這個看容易了。

出家人，放下，非將相所能爲！治理朝政，當宰相、院長好當，但是當個和尚不好當，你和敵人作戰，統千軍萬馬，操必勝之權；但是，當個和尚不好當，因爲每位道友，你以必死之心，才能換來不生死。生死、涅槃，生死是一邊，涅槃是不生死，是另一邊；你沒有生死心，怎能換不生死？我看過的一本〈神尼傳〉，都是比丘尼，大家看看她們是怎麼付出的？怎麼求道的？

很多道友經常來問我：「我信佛、學佛一、二十年了，我的災難怎麼還是很多，佛菩薩爲什麼都不加持我？佛菩薩不靈啊！」我問他：「你是怎麼付出的啊？」要先有「感」才能「應」嘛！你「感」到什麼程度，就「應」到什麼程度，你的「感」根本不夠就想「應」嗎？燒上幾支香，給佛像供上幾個水果，再磕上幾個頭，「佛菩薩！您保證我公司發財，我給您上供、許願啊！」那佛像要你的供做什麼啊？要你的誠心，一片心誠、誠誠懇懇的。但是那個「感」，你以爲是求觀世音菩薩、或者是求地藏菩薩，實際上都不是，而是求你自己！由於你的心轉變了，我們參禪明心就是明白這一點，信自己的心。

過去的祖師，有的呵佛罵祖，他是去掉你的執著！「丹霞劈佛」，大家都知道吧！這是去掉你的執著，你的執著沒有了，你看破了、放下了、自在了，就是這樣子了。所以大家學佛之後，必須有很大的付出，你要想了生死，得用生死來換取不生死；並不是輕心、慢心地坐上幾天禪就開悟了；念幾聲佛，就生極樂世界了，有那麼容易的事嗎？恐怕不可能吧！

過去的宿業沒有懺盡，過去的業還沒有消完，你想修定、想修慧，一樣都修不成。沒有辦法，它給你障住了，先把罪業消完了，過去的宿業懺盡了，而且別再造新的，把舊的消盡，不再造新的，那才有個希望！如果舊業不除，新的還在造，在這基礎上你怎能開悟呢？怎麼能念佛求生極樂世界呢？修什麼都不成，這是有形、有相的。

我們現在要說「祖師禪」，這是無上禪，這不是心意識，而是要離開一切形相、離開一切言說、離開一切聲音。禪是最高無上，這容易，一現就成佛！據我所知，我讀經讀得少，沒看的也很多，只知道我們這個娑婆世界，釋迦佛入滅了之後，彌勒菩薩在那等著成佛，這個中間，一尊佛都沒有。這個祖師成佛了、那個祖師成佛了，打開禪宗，沒有一個不成佛的，我們大家都成佛了，原來本具的，還什麼成不成！我們都具足佛性，原來就是佛。迷了，這個迷障不消，障難不消，清淨不恢復，怎麼能成佛？連了生死都很困難！

諸位都是信佛好久的了，你煩惱不煩惱？有沒有煩惱？有沒有道友是什麼煩惱都沒有了？那你眞的已經成佛了，沒有煩惱不就是佛了嗎？有煩惱就有罣礙，有罣礙就有恐怖，有罣礙有恐怖怎麼成佛啊？這個別人不知道，你自己清楚的很，每個人都清楚。你參禪也好、念佛也好，念佛要眞念、要求生極樂世界，參禪要入實禪、要付出。如果覺要睡得好、吃要吃得好、玩要玩得好，那樣就能生極樂世界了？有這麼便宜的事？這樣就可以了生死？不可能。

你們看現在也沒人比我們倆（指夢老與曉雲導師）老，我比曉雲老法師還小，我八十九歲，她九十一歲，你們問問她、問問我，我們吃過好多苦頭！她的福報大，比我吃得苦頭少，我從十三歲，到現在八十九歲，好日子沒過過幾天！我老了，我現在是個廢人！沒有你們的健康，我是開過刀的，動過大手術的，那個醫生還說我活不到五年，但現在七年都過去了。這就是業，沒有業、沒有緣，沒有緣怎麼合聚在一起啊？大家先得在這個基礎上認識，怎樣消我們的業障，多結善緣，佛教我們諸惡莫作，眾善奉行；從諸惡莫作了，那麼修行才能漸漸得定、得慧，參禪才能開悟，念佛就能生極樂世界。如果業還沒有盡，你自在不了，先消業、多磕頭。

我贊成曉雲老法師說的：「今天我們這裡是禪淨熏修的道場。」念佛參禪、參禪念佛，修定、求生極樂世界，借定的力量，念佛能念到一心，假念佛的力量，使我們能進入禪觀，也很好，就照這樣去做吧！

祝大家早日成就、早日解脫！

祖師禪與如來禪 之二

觀照你的心念，就是從一早起來，睜開眼睛之後，你的起心動念是什麼？照顧你的心，看它生起的是什麼？有的禪堂，或者因爲師父不同、或者是傳授的宗派關係，要你注重心念的起處，心念是從什麼地方起的？一念一念地追尋，它又止於何處？一般學教觀的人，就稱爲追蹤，從他那念一生起，不管善念、惡念，只要念頭一起，從念頭的起處，這是從什麼地方生起？在你注意追究之後，念頭就好像沒有了。

曾經有位老師父告訴我一個方法，在你昏沈的時候，就大聲地呵斥，自己呵斥自己！但是他這種方法，只能是一個人修行，或是三、五個道友修行的時候使用；要是像我們禪堂這麼多人，大家一起修行，你打妄想時說：「不要打妄想！」「不要打妄想！」那樣是不行的！會影響到別人！這種法子你用不上，這是住靜的時候，或是獨處的時候；要是起了念頭，

「走了！」這就警告自己，如果昏沈的時候，「不要昏沈！」、「不要昏沈！」自己跟自己說！最起碼你能管得住一、二十分鐘、半個小時，確實不昏沈。我用過，但是集體的時候就不行了，像大家共同的靜坐，這個方法就用不上。

當你制心一處的時候，要找這個念頭的起處，昨天我也這樣說，「參話頭」，參它的起處，從什麼處生起的？那你找它的起處，那起處沒有了，就換找念頭的落著點，念頭止、止在什麼地方？這樣就沒有了。這就是一起一念，這樣子，久了就能達到無念。

無念並不是像沈寂、睡著！那無念是心裏明明了了、清清楚楚，這時候你就提起來觀照，或者提起你所懷疑的問題：「生從何處來？」、「這一段的報身，斷滅之後，流到何處去？」要這樣子去找原因。來無來處、去無去處，那你就斷了這來去之念，在這個來去的中間，你觀照所有的生活、學習，一個一個地分析，分析完了你就知道，了不可得，來也沒個來處、去也沒個去處。來從何處來、去向何處去？

我記得有一次，虛雲老和尚，他教我們這些未滿二十歲的小和尚，我們總共有十幾個人，有的是學堂的、也有的是在老和尚身邊的，他就教我們這麼一個方法：「來是什麼地方來？去到什麼地方去？來無來處、去無去處，行雲流水、止於何方？」這樣去觀照，觀照久了，你的心，就不思善、不思惡。

這些方法，結合我昨天晚上最後講的「禪淨雙修」這個方法，用完了之後，再指點你的歸處。我們說學淨土的，說我這個禪淨歸於極樂世界，在這個來無來處、去無去處的時候，你提起念頭吧！你觀想阿彌陀佛也好、觀想極樂世界也好，用一用，試試看，效果非常地好，念阿彌陀佛、觀阿彌陀佛，一個字一個字清清楚楚，能綿密到好長的時間？能綿密到三分鐘就已經很不得了了，以後漸漸地再增加。

這是在什麼情況之下用？或者是在一間精舍靜坐，有幾位專修的道友，有一點社會活動都不行，否則的話不能相續、不能綿密。如果在精舍裏自靜，三、五個道友這樣行，你就能綿密修不斷。在修禪的時候，出現一切境界相都不要管它、不要執著，一執著、一注意就是魔業。但是這跟「禪淨雙修」的人就不同，「禪淨雙修」是不同的，當你這個功夫做得綿密，有的會現聖境，這不是魔業，因爲你念阿彌陀佛、求生淨土，阿彌陀佛或者觀音菩薩或者菩薩現前，這是聖境、並不是魔業。不過，如果你是參禪的，卻從來沒有觀想過阿彌陀佛或觀世音菩薩，但是在禪坐的時候卻出現了這樣的聖境，這就是魔業。

過去有個歷史的公案，有一位老修行在山裏修行，他是修禪的。他有一位在家的弟子，自己則在半山中間沒做什麼事。他這位弟子是女弟子，母女倆人，離他住的地方不很遠，天天給他送飲食，一天當中給他送一次。他就在山上修行、修行，但是他感覺自己沒有功力，只有生起一種慚愧心，感覺要下山去參一參，再住下去也沒有什麼好處。他就跟他弟子說：「我想下山，到別處去學學，將來有緣了，我再回來。」這對母女不能挽留他，師父要走了，天氣還很寒冷，她們就做一件棉襖送給他，還供養他四個小元寶，那時候的錢並不是紙幣。就在這天晚上，這位老修行坐禪的時候，突然間在他的座前出現一朵大蓮花，他心裏就想：「我不是修淨土的！我是修禪靜的、修禪功的，這不是聖境、不是接引我的！」就把他的引磬丟到那蓮花座上，蓮花就闔了、沒有了，這是在山上的事。

就在這同時，他那弟子家裏的母馬生了一匹小馬，一生下來就死了，這個小女兒說：「媽媽！媽媽！您看那小馬的肚皮怎麼露出了一個角？」這個角就是引磬的棒子，她媽媽一看：「這不是師父的引磬嗎？怎麼會跑到小馬的肚子裏頭來了？」

她們母女倆人就上山來請師父開示，並請問說：「師父，您那引磬還在嗎？」師父說：「那引磬不在了！昨天出了個境界相，我把引磬丟了！」她說：「您這一丟，丟到我家的馬肚子裏頭了。」她們母女就跟她師父說一說這匹小馬的情形。她師父聽完就說個了偈：「一張棉襖一張皮，四個元寶四個蹄，要非老僧定力好，險些變了你坐騎。」

這句偈是什麼意思呢？大家在修行的過程當中會有很多境界相的。你修行的功力就在辨別你的境界相上，有功力、沒功力、或有定功、沒定功，就在這境界現前的時候，如果依平常的用功這樣修行，你也不知道你的功力如何？一個在你作夢當中、睡覺作夢當中出現的境界相，那就是考驗你的功夫。這個老修行功力如何？當前的一念之間能生出智慧否？如果他要是沒有智慧，投了驢胎、馬腹，我們說驢胎、馬腹就是要還債，就轉了。

所以在你用功的時候，不論「如來禪」也好、「祖師禪」也好，你先認識你自己的煩惱重不重，完了你再就所有的境界相加以辨別，有的是你作夢，有時候是你在用功的時候，突然出了個境界相，你怎樣去辨別？這很不容易識破。

在我們人生當中有很多問題，以現代的知識來說，還是沒有辦法來解答。比如說：「冬蟲夏草」是一種藥草，到了冬天它是個蟲子，到了夏天它又是個草，它究竟是植物呢？還是動物呢？到夏季長草了，一點生命都沒有，到冬天它又是蟲子了，這也就是我們吃補藥的「冬蟲夏草」！這是一種。

還有「脆蛇」，「脆蛇」就像我們那竹子，很綠的，它的中間有花紋，在中醫來說就是「接骨丹」，這種大多數長在山林裏頭的樹上，像手指頭那樣的形式，在樹上它是植物，但是你把它碰到地下，牠就是動物了！因爲它一到地上，就變得好多段，一節一節、一段一段。那採藥材的人，他從中只取那一段，你想把牠全部捉住是捉不住的，牠很迅速，如果你不取這一段，牠自己聚合了、自己跑了，你就逮不到了、沒有了。但是你得到這種東西的時候，如果是粉碎的骨頭，可以把它拿來搗碎，和其它的藥一和敷上，那碎骨就都拼成一大塊，長了起來，這叫「接骨丹」。

說這些比喻的意思是什麼？你要認識一切事物，不容易，就是有形、有相的，像你在坐禪的時候、參禪的時候、念佛的時候，有好多境界相，你並不知道。但你修定的時候，必須得有定力，也就是不隨一切外面的境界相轉。我們在這裏頭參禪的時候，當你用禪功，因爲它平常不會現，就像那一池的水，你攪和得很濁，它什麼境界相都現不出來。當你一用功夫，它把你過去的歷史、前生、或者再前生，你以前用過很多功的，當你一用功，一有這因緣，好多境界相現前，我們說著魔！著魔！魔是沒有！那是你心裏自己的變化，因爲你心裏有追求，你還沒有坐禪就想得到些什麼？

有證、有得、有求，你什麼也得不到，所得到的都是魔業。

我跟大家講，你修淨也好、修禪也好，不論修什麼法門，要從你心裏頭，先把貪、瞋、癡，清除一下，不然你夾雜在心裏頭，那你所修的都會變成是魔業，會現種種相。爲什麼我們同學到了佛學院，不論男眾、女眾，讀上三年的，能安住不動的，這位道友就不錯了。我們在大陸好多佛學院，有的住上二、三年就跑了，即使你三年、四年住下來，乃至於六年住下來，我們且不說學得如何，能夠沈靜住下來，能夠住下幾年，他就有一定的功力。

爾後畢了業，再去教人家，能不能夠運用，又是一回事。在佛學院裏頭代代課、教人，還看不出來，感覺很好；但是一到外頭、一接觸群眾，就不行了。群眾並不像佛學院的學生，大家的心都是一樣的。但是對群眾講、攝受大眾，就不行了，就不對機了。這只是說教的，你禪堂住上三年、五年、八年、十年，變成老皮禪了，進也進不得，退也沒什麼退，今天功力如是、明天功力如是，一點都沒有進步，像這種情況，就要從你自己本身的懈怠開始。

還有，就是你的貪、瞋、癡業障。我們經常說「業障」、「業障」，在你坐禪的時候，如果你的功力不進步，本身就是業障，你精勤了，你愈是精勤愈壓緊，功夫進得愈快，障礙來的也愈快。這有幾種情形，第一種就是住不下去；第二種，大的環境出了問題，反正是緣不具、道不成。還有，緣很好也來修禪，但是你自己的內障，內障就是自己起障。其他像害病，你就沒有辦法了！病苦是業障，是宿業的因緣，看你能不能克服，這也是障。

在你修道的時候，示現你的思想，遇到這些障緣出來，你能把它衝破、或者能把它降伏，這個就叫「道」，那你修行的功力就已經有了。

像我們說：「大徹大悟、頓開直入、直至成佛。」每一位歷代祖師都是入世的，都經過很多的磨難，就我所知道的那些大師，年齡不大就走了，他們又去換跑道了，有因緣再來吧！

像我們一般的修行者，障道因緣非常多，你怎麼樣排除這個障礙，就靠你禪定功夫的悟性。除了自己本身的禪定功夫，還有你的家族的因素、在寺廟裏頭的師父等等，這也有很多因緣，有的是你想不到的，例如同參道友間的嫉妒障礙，這是每個人都可能體會的到。

但是在你沒有修道之前，你要是不認識這些障礙，沒有方便善巧加以對待，你的道就修不成。要是像這裡，打三天七、念上三天佛，這樣還無所謂，這叫做種善根，這能說是修道？這是修不成的，只是培育我們的福德，培育我們的善根，消消我們的業障，如此而已！如果修行要有成就，「剋期取證」，我們自己給自己定一個目標，我的目標是什麼？我想這回一定要修下去！這裡跟那個不同！這裡是因為佛學院給我們安排，我們大家練習，學習將來怎麼用功，如此而已！你要是眞正的想修行，想坐禪，不能像現在這麼多人，明白嗎？如果你現正坐得好，你進入了，時間到了，一打板，你必須起來。這在叢林當中、隨眾之下，那種用功的方式，跟你自己自修的時候，是兩樣的。

「隨緣消舊業」，隨著你的因緣，消你的舊業，你要訓練這個心，這個心像野牛、像野馬一樣，要訓練成循規蹈矩的，能夠想用到那裡，它都能用得上，你能把你的心調伏到這樣，就很好了。

我感覺像我們四眾道友當中，優婆塞、優婆夷，他們是副業的，他們有這個機會來這裡學習的因緣；像我們出家二眾的就是專業的，我們專業的都有這麼多障礙了，副業的能夠沒有障礙嗎？因此我們的這個時候就叫「末法」；但是在這個情況之下，諸位道友，你怎麼樣運用你的心？怎麼樣調伏你的心？怎麼樣伏住你的心？把你的心調伏得能適合外面的環境，隨緣，能夠做到這一步，我認爲很好了。

假如你想眞正再進一步，眞正想求解脫、了生死，在這種客觀現實的環境下，是不可能的，你要改變一下環境。如果我們將來這個道場，能夠單獨再闢一間閉關中心，再修幾間房，專給眞正想要了生死的四眾弟子，護持他們，護持他們的食、衣、住、行，還要請一位大德來指導。這樣，才能有所成就！不然像大家這樣，種種善根而已，我說的對不對？大家思索一下，不對的也可以給我提一提，讓我也增長增長知識。

祖師禪與如來禪　之三

參禪就是修我們的心、修這個心念。你跑香的時候，是不是參啊？坐的時候，是不是參啊？吃飯、穿衣，乃至於說話、行動。

禪的意義擴大講，就是在任何行動當中都是禪，說也禪，默也禪，行也禪，臥也禪，「行住坐臥體安然」。它的體是不動的，這些都是無窮的妙用。但是當你沒有得到體的時候，體不現前，妙用也沒有，更莫說是明心見性。並不是大徹大悟，才是明心見性，而是你在行住坐臥當中，沒有失掉你的心，都在心的裏頭。你在法上說法性，在你心境上說佛性，佛性、法性，都是一心。

一切世間的言語行動語默動靜都在性中，我們如是觀照！在一天的現實生活當中，喜、怒、哀、樂、憂、恐、驚，這七個字，叫七情，你能離開嗎？若能常在歡喜當中那就好了，因爲它隨順這個體的心。但是你不能夠這樣主宰，因爲我們失掉的是自己的心性，也就失掉主宰，都變迷糊了。你要是能這樣地體會，你說還有煩惱嗎？還有憂愁嗎？還有快樂嗎？這些都是一切體性上的隨緣。隨緣就沒有一切過患，沒有貪瞋癡這些東西存在，這就隨緣了。你這個心體，隨著心緣。你隨緣的時候，只是臨時的，當你返妄歸眞的時候，這些緣就寂靜下來，所以說停止下來，這個眞就現了！這個緣沒有了，你要經常思惟這個。

「照」，我們大家都會背《般若心經》。《心經》的這個「照」，如果你的智慧經常照著，稍一失念，就把它拉回來，一起了妄念，就把它拉回來，連你的行住坐臥、語默動靜，都是禪，那念佛不就是禪嗎？如果以禪爲主，念佛也是幫助你修禪定；如果以禪淨爲主，那你修禪也是輔助你念佛，看你怎樣去用就是了。

明天大家念「阿彌陀佛」了，念阿彌陀佛的時候，是不是禪啊？還跑香不呢？跑香是運動，你坐久了要活動一下，這是調和你的肉體，不是調和你的心，因爲坐久了會疲乏。現在大家坐禪，我看你們的腿子都沒有練好，可以坐一炷香嗎？雙腿盤膝！不是單腿！爲什麼要雙腿？爲什麼要跑香？有沒有想過？

祖師創建禪法的時候，是調練身心。像我們這個凡夫，剛剛修行，說不會瞌睡，是不可能的；單腿盤膝容易摔下去，雙腿盤膝就穩了，雙腿盤膝叫「金剛坐」，要懂得這個涵義。爲了方便，單腿盤膝也可以，來了能坐下就好了。有些人他的腿子都沒有辦法，連坐都坐不下，要讓他坐一個鐘頭、坐兩個鐘頭，根本不可能。大支的香有兩個半鐘頭，有的略爲長一點的是三個鐘頭，你想，一坐坐那麼長，可以嗎？不行的。

修禪的時候，既然是什麼都可以，什麼都是禪，又何必做形式呢？又沒有形式，又如何有內容呢？一切法都是互相配合的，這是配合意。

我們現在參禪或「念佛是誰」也好，當然這個話頭不一定是「念佛是誰」！明天我們念阿彌陀佛也好，念佛究竟是誰？念阿彌陀佛，阿彌陀佛究竟是誰呀？禪的意思是要你一切都不離開自己的心，什麼都是自己的，什麼都沒有，禪是我的心，念阿彌陀佛也是我的心，什麼都是心，萬法是由心所顯現的，我們經常說：「心、佛與眾生，是三無差別。」這個心跟一切眾生、一切諸佛、你這個現前一念心，乃至於十法界，放諸十法界，收來只在一毛端，放開來能在十法界，收起來就是你的一毛端，所以說「於一毛端現寶王刹，坐微塵裏轉大法輪。」它的意思就在此，伸縮自在，一切無礙。其實說禪、說教，都是一個東西！無非佛的善巧方便不同而已，說是修禪的輕視學教的，學教的輕視修禪的，這是眾生的知見！法門上並沒有。要懂得這個涵義！

我昨天所講的是初階的開示，因爲當你沒有達到的時候，會三心二意、人我是非，鬧個沒完沒了，你怎麼能夠見性呢？開玩笑！我剛才說了，喜怒哀樂憂恐驚，你自己觀照觀照，我自己的現在心是住在什麼地方？我歡喜嗎？煩惱嗎？生氣嗎？怒是瞋恨！哀是悲哀！憂是憂愁！一有特別的境界，聽見的時候，會嚇你一大跳。

古代大德修禪的時候，是泰山崩於前而不驚，泰山忽然崩倒了，也不驚。以前的大山倒了，像大地震把你拋起來了，完了又陷進去了，你也不會驚怕！我第一次到西藏去，是從印度出發，走帕米爾，也就是跟錫金的交界點。那天晚上，我們住在山底下，在走路的時候，沒有人煙的，你自己得帶帳蓬、帶吃的東西，把這個牛毛帳蓬卸下來之後，就把帳蓬搭起，到裏頭做點吃的東西。從印度到西藏，馬騎像個房子似的，晚上住的地方是靠著河水邊；因爲在西藏地區行走的時候，到了一、二點鐘，就得停下來了，住下來搭帳蓬。爲什麼呢？那牲口要吃東西！你得把牲口放了吃草！你只能坐半天，得給它半天吃東西的時間，如果把牲口都放開，人就只得在帳蓬裏弄弄茶，暖暖帳蓬。可是漢人的習慣，在路上不會做飯，就算做飯也熟不了，才六十多度的溫度，它就開了，煮煮麵條，還勉強，晚上就休息睡覺了。本來是在山坡底下，第二天一早起來，一看怎麼搞的，到山頂上來了。

大地震，是沒有聲音的，地殼就拱起來的，康藏的地震是往上拱的，不是往下陷的，它是沒有聲音的，它就裂隙，山就開了，多少東西陷下去了。晚上之後，有時候又還原，有時不還原，不還原就是水。山頂上的海，雖在山頂上，那水卻是鹹的，它是怎麼來的？它是鼓起來的，晚上得在這兒停留好幾天再走。事後問他們恐怖嗎？他們說不知道！不知道，就沒有恐怖。我們就多一個貪，什麼都要知道，知道愈多愈煩惱。大家好好去思惟思惟！

學道學得不究竟，學得半罐子，有時候不懂，又似懂。像我們這些法師們，你說不懂，都懂啊！懂是懂，但是作起來，又是一回事，你克服不了你的煩惱，你沒有辦法降伏現行的煩惱；那你懂，還不如不懂，就是這個意思。

像我說的這個地震，不知道，你怕什麼？像台灣九二一大地震，你還怕？因此，在你參禪的時候，你可以就這樣思惟！把這七個字排開，喜、怒、哀、樂、憂、恐、驚，我今天佔哪個字？我看我們當中有學畫畫的、學書法的、學藝術的，琴棋書畫，作詩喝酒、賞月和看花，這是文人的琴棋書畫詩酒花，現代全變了，這七個字全變了，七情六慾也全變了。

學佛，修禪淨律密，禪也好，淨也好，律也好，密也好，只要是佛說的，我去學，沒錯。跟佛學的還會錯嗎？但是現在的台灣，可不是這樣的，誰說的都學，也不考慮考慮他說的是什麼？言語之間必有一個涵義，語言一定代表一個意思，它一定要表達出來，我們要考慮考慮他跟佛說的教誨，是不是相吻合？那是以什麼爲標準呢？我們學法的都知道，三法印、五法印，我們就說三個吧！「苦空、無常、無我」，「無我」最重要。

所以我們參禪，第一個不要把「我」擺進去，要把「我」踢出來。要你參！誰在參？你肯定說，我在參，不是的！我在哪裏？你先把「我」找出來，這個代表並不存在。

「苦、空」，這個你可以知道，特別是這個「空」，空也不一樣。佛教所說的空，是在物質上面說空，當體就沒有，是你妄想的執著；明明有這個東西說沒有，世俗上一般所說的空就是沒有了，這種認識是錯誤的。那空是無知的，我們的「空」是空掉你的執著、空掉你的煩惱，我所說的那個七情都把它空掉，琴棋書畫詩酒花，都把它空掉；所有一切這些東西，都空掉了，使你完全不執著，在行住坐臥當中，你的心不執著了，隨緣而行。

我們經常有這麼兩句話，「隨緣消舊業」，把過去的業消了，把它逐漸的消，「更莫造新殃」，這業是怎麼消的呢？你不執著它，漸漸就沒有了。「唉呀！我這罪業很大。」道友們經常這麼說，要幹什麼就說，「唉呀，我這業障啊！」不錯，是業障。這業障是什麼樣子？誰也拿不出來，沒有。你要是知道業障，它不就有了嗎？你說監獄，監獄說有嗎？台北監獄有沒有啊？土城的監獄有沒有？有！跟你沒有關係！你說他那個「有」，對你來說不是等於「無」嗎？但是你可別犯法，你犯法不是傷害到別人嗎？你馬上進去了，它就有了，一切法都如是！你可以作這樣觀，當然我們要直接觀心性是做不到的。

剛才說的都是觀的過程而已，你遇到什麼境界相，你要立即去觀，它就不存在了，在我的心性中沒有了，這是妄；你把這些妄都除掉了，妄一除，那眞就漸漸顯了，妄全除了，眞就顯了。但是，並不是說做學問就可以大徹大悟。

佛學院、佛學的道友們，你念這部經，乃至於念一部《心經》！最初念的時候，「照見五蘊皆空」，五蘊是什麼東西？未經過學習你不懂！你說五蘊是色受想行識。喔！色是色法、受想行識是心法，就是色心二法。你懂了，過去你不知道，現在你懂了，懂了你不就是開悟了嗎？懂了就是明白了。好多的事你不明白，現在一下子明白了，你把那個明白積累在一塊，就大明白了！最初是一點滴，這叫漸悟，這種不是禪的上層、中層的修法，而是漸頓的禪，我們都在禪中，現在你把它轉變過來，禪在你的心意識當中，那就好了。現在我在禪中，你把它變了，變在你的心裏，你經常這樣地磨鍊，磨鍊就是在修！並不是最初的時候，什麼階段都不練，一聞頓悟的那種頓根，我們也不曉得聽了好多遍《金剛經》，也念了好多遍《金剛經》，開悟了嗎？爲什麼六祖大師，他在賣柴，聽人家念《金剛經》，怎麼住心？怎麼降伏心？他就開悟了，這是積累！他必須得積累多生累劫的修行！

有的人一輩子想出家，羡慕出家，想當個和尚，或是想當比丘尼師，當也當不到，一生也沒有做到，他就等著來生。我們現在這個班三十個人，或是五十個人，有的同學志向完全不同。這不是世間的學問，我們學佛，就是大事，這不是世間的學問。我跟你們一樣大的時候，沒有你們這種學歷，我是小學沒有畢業！依社會上的說法，我什麼資格都沒有，連小學文憑都沒有拿到。像我們讀佛學院，佛學院沒有文憑，就靠自修、靠自力！

你說這是悟嗎？悟跟迷這兩個字，沒有什麼標準的！要想求它們有個絕對的標準，沒有，這一切世間的語言文字，都是符號而已！可以改變的，可以把它刷了，但是你有刷的本事嗎？有刷的器具嗎？學禪的可以拿它做器具，等你把外頭的塵垢都刷去了，眞心顯現了，那不就行了！我們學教的人也不一定看什麼「念佛是誰」，這些話頭都不要了，你念的是什麼就學什麼。像「觀自在菩薩」，念觀自在菩薩，這就是話頭！就是觀，教也叫觀，禪觀就叫「參」，參禪的參，禪觀都是一樣的，名詞不同，禪是最高的，你們教的也是這個，他們愛怎麼說，就怎麼說，因爲什麼都不懂。

人總是要求標準，我是老大，你們都是小的，每個人都是這種思想。根本比不上別人，他還是想比別人高得多，那怎麼辦？大家可能看過魯迅寫的〈阿Q正傳〉，這就是阿Q精神！他被人打一頓，打又打不贏人家，沒有辦法了，兒子打老子，打我的是我兒子，之後就唱起來了，這種就叫阿Q精神。魯迅是最瞭解中國阿Q精神的人，明知不及人，還要說比別人強。不過，我們禪宗也可以運用這句話，我不及你是現在，等我坐著參！

開悟了，我超過你多少倍，這是可以的！

此地是選佛場！那尊選出來，那尊就是佛！你要這樣來理解，以這樣的心情來理解，你那個「觀」，就是「禪」！禪觀、禪觀，思惟修，那觀什麼呢？我剛才說，七情六慾全放下了，一切事物全放下了。怎麼放下呢？用智慧照了，看破了，你可以看到無常，看到苦，這些都是無我的，你要漸漸這樣觀，我對什麼都不貪戀，心裏也不顛倒！你看破了，不貪瞋了！你不就自在了嗎？

如果大家看〈影塵回憶錄〉，倓虛老法師告訴你的，只有六個字「看破、放下、自在」。他經常講這六個字：「看破、放下、自在」。所以你觀，看破了，放下了，你就是觀自在。但觀自在菩薩可不是這麼做的！他是行深般若波羅蜜多的，照見五蘊皆空。參啊！禪觀的那個照，照就是禪，那是照，我們不是照，大家想一想，照是什麼涵義？把燈放來照的涵義。你想一想，當你觀想一件事的時候，是不是照？意思是一樣的。照是代表照了，一照就了了，一照就照了、照了，一照就了。不會照、不會照，了不了。

這觀照的功夫，他一照，三心二法不存在的，這個心雖然是我，在《楞嚴經》這樣說的，心能轉境，把外頭的環境都轉了。像我剛才說的喜怒哀樂憂恐驚，轉成智慧，但是，這是心境上的照，一照就了，五蘊皆空。是照的「空」，並不是把這個東西消滅掉。就像阿羅漢，像那些大菩薩得神通了，他並不是把物質消掉，把房子拆了才能出去，那樣子誰都出的去；他是就算你把房子關上，也能走出去。因爲他的心裏沒有障礙，也沒有肉體，這樣沒有我相、人相、眾生相，他沒有一切，無障礙，他怎麼不通？他都通啊！因爲沒有障礙。只有你不通！因爲你自己給自己障礙，你在思惟修時，就這樣修。

「禪教合一」，或者「禪淨合一」，怎麼說都可以。但是你要去做，你如果是沒有貪戀心，硬是罵你，硬是跟你爭執，也是沒有瞋恨心的！貪瞋癡都沒有了，你還求什麼禪呢？

以前有好多修行者，他就會考驗你，煩惱不煩惱？有這麼一個公案：有個小和尚，這個小和尚也很有本事，只是一位小童子，他的師父七、八十歲了，像我這樣子，沒有悟。那時候還沒有煤碳，也沒有電燈，都是燒木柴的，都是灰，木柴燒開了不是會產生灰嗎？那個小孩撥撥灰來問他：「師父！師父！這叫什麼啊？」老和尚看一看，「是乏灰啊！」燒過了沒有草木形，叫做「乏灰」，走了。隔了一會兒，小孩又來了，說：「師父，這是什麼呢？」師父說：「這是乏灰。」「師父，怎麼不對呀！」「那你叫什麼！」「我摸一摸這裏頭還有火。」他楞了一下子，就明白了。

假使我的小和尚，也想來考我，我還是不明白！但是我也不會這樣發火，問一、二回，我就不說了，你不答覆就是了！很多的事物，你要自己來考驗自己，莫說別的，以前我看到我們班上的同學，就爲了選一個班長，今天誰當這個班長，爭得不得了。我說：「你們都在幹什麼呢？你們是出家的嗎？還是在家的？」「哼！這還要問？我們都是出家。」出家，身家、父母、妻子，整個家當都放下出家了，還要當這個班長，這個班長有什麼？給同學服服務！大家都不開腔，唉！你說犯了，又犯了另外一個毛病，從這邊又跳到那邊去，誰也不當班長。你說對嗎？有很多的事物，我們就可以在日常生活中參，這就是「無上禪」，你能把一切都斷了，一切能解脫，學佛就是求個解脫而已！頭髮剃了，剃了是沒煩惱，頭髮剃了就沒有煩惱嗎？換件衣服，換個顏色，形象變了，那就沒煩惱了？不是啊！是換你的心！

你最初放下的時候，把一切塵俗的事都放下出家了，你出家是做什麼？好多道友、小道友還來爭，我經常看見的，不論是男眾、女眾整天也爭，爭什麼？也有些是我的小弟子！「師父，我們的單金太少了，我得多幾個錢才行，要花啊！」我就會吟著古德大師的偈子：「窮釋子口稱貧，徹底窮來有幾人？信手打開無盡藏，磚頭瓦塊盡奇珍。」那才是寶貝！這個有什麼用處？爭，有什麼用處？錢多點，多造點業，不是這樣嗎？

每間佛學院，各各不一樣，在參禪的功夫上也不同。我們是一年一次，我問曉雲法師說，修慈也跟我講，一年一次，就這麼三天，下三天是念佛，上三天是參禪。要是你入不到日常生活當中，你就靠這三天來參參禪，就成道！你這只是學學參禪的規矩，知道怎麼用功而已！這三天就過去了，知道一切是無常的，過去的還能回來嗎？還能回來的也是明年了，你在這一年當中不出事故的，已經是佛菩薩加被了！

我們學佛的人，難道就不會出車禍嗎？我坐汽車的時候，我是隨時準備出車禍，它要是撞了！撞了就走了，它要是不撞就算了，沒有一定的！我們跟誰也沒有訂過保證的！保險公司也保不到的！你跟任何人訂合同都訂不了的，你跟佛訂，佛也不敢跟你訂合同，爲什麼？得靠你自己，你自己跟你自己訂合同還差不多。這個保險，那個保險，都靠不住的，就靠你的現前一片心。這個可超出我們禪堂之外了，也就是隨時看好你的心，又住幾個念頭，我要你看好這個「無上禪」，一走了拉回來，一走了拉回來。

在〈信心銘〉講：「不怕念起，只怕覺遲。」念頭你要它不生起，不可能的！你的覺悟很高，它一起，就降一個，它一起就降一個，你把念降完了，經常這樣降伏起來的念頭，降伏得很純淨、很純淨，就好了。那個念頭，你自己起了個念頭，馬上就覺到這個念不對，這樣才算有信心！在《華嚴經》的五十三位當中，這才是開始的第一位！信心位！你不能覺知前念起、止其後念不起者，什麼功夫都沒有，說什麼參禪！念佛！都是騙人的。能夠覺知前念起、止其後念不起者，就有信心。

我們諸位道友，有信心是信什麼？就是我們現在參禪的這個參，信心！信我自己是佛！信心是佛、信心作佛！所謂的有沒有信心，你相信你自己是佛嗎？我不曉得曉雲老法師有沒有跟你們這樣講？有這樣的信心，才叫信心；信我的心和佛無二無別的。信心，有沒有信心？就是相信我自己是佛。

第二個，佛都作什麼事，佛幹什麼？我相信我自己是佛，我是佛！我是佛，我得作佛事，我不能做人事！我不能做狗事！我不能做畜生事！那一類就做那一類的事！這就相信了。

還有，坊間有很多錯誤的解釋，不要聽人家錯誤的解釋，雖是錯誤的解釋，也別當笑話聽。像「和尚」，在我們北方，長江以北叫北方，管出家人叫什麼？叫他「大和尚」。現在北方，你叫他「和尚」，他非常的煩惱，他以爲你在藐視他、輕視他；還有女眾出家叫「尼姑」，她聽起來好煩惱，很多女道友，一聽「尼姑」，唉呀！知道「尼姑」是什麼意思嗎？妳們認爲很輕視，我認爲很尊敬。他把關係抬舉成跟他的父親是一輩，姑姑嘛！不是父親的姊姊，就是妹妹！我們才尊稱她爲姑姑！「尼」是什麼意思？「尼」是印度話，中國話就是女！女的是我姑姑，人家管妳叫姑姑，妳還生煩惱？

在印度只有佛才叫「大和尙」，爲什麼叫「和尙」呢？上合諸佛，跟一切諸佛都合，同一慈力，同一大慈悲心；下合於眾生，佛要度眾生，示現作眾生，同一大悲！這才成爲「大和尙」！佛教傳到中國來，漢朝時，國家皇帝尊崇和尙，說出家人叫「大和尙」，是這樣子來的，在中國都叫「和尙」，在北方傳來傳去。不過當你見到寺廟的師父，不能叫他「和尙」，要叫他「當家師」。都出了家了，還把這裡當什麼家？不過，管他叫「當家師」，那他就高興了。你們說這個名詞上、語言上、文字上有錯嗎？有一位很了不起的名人，說「悉達多」，「悉達多」是印度話！他給解成什麼呢？他說：「你們的佛，不是什麼都知道的？」他好像對我們佛教都懂的，他還把「悉達多」當成中國名詞來解釋。華文跟梵文都還沒有分清楚呢！有很多顛倒錯亂的現象，這是我們可以看到的。不過，我們自己的心先顛倒了，自己都不知道，只看到現在這一生，不知道前生。

你們說觀世音菩薩，是女的？是男的？這有標準嗎？你說地藏菩薩，乃至於其他的菩薩是出家的？還是在家的？你只看到地藏像是出家的。在我們出家的兩眾，有好多人都有錯誤的解釋，卻往往自以爲很了不起。假名必須得有實義，言假名之相卻沒有實義，是不可以的。

「禪師、法師、教師」，昨天一位道友跟我說：「大家雖然稱我爲法師，不過自己是不稱爲法師的！」我說：「你不要這麼客氣！這法師是應該稱的！」諸位同學、道友，你們要知道，你自己稱法師是對的，你不要以爲所謂法師、非得是說法的法師，法師是以法爲師！我們都是佛弟子！佛法就是我的師父！以法爲師，連名詞都理解錯誤，都不能深入，你學什麼？必須要學得絲絲入扣，必須眞正學得懂，不要學得似懂非懂，這樣就麻煩了。

學禪學淨，我們學哪一門佛法，你要眞正深入到裏頭去，不要貪太多，不要貪求自己是怎麼深入，你能夠把所應用的學會，這就很好了。你怎麼能把生死了了？成佛了？相信自己是佛，佛做什麼事，你明白之後，你就照這個道上走去！這個道就是菩提道。

你的禪心是什麼？要超過三心了，把三心合起來，完全是智慧心，智慧能照了，菩提心還有很多意思。當然學教的人都知道，不論在家兩眾，老居士都知道。第一先得生厭離心，你連這個世間都不厭離，菩提道怎麼走，你走的不是道，你走的是黑道、是地獄道、是三塗道，最好的是走人道，你走不到佛道上。

明天就要開始念佛七了，你得把娑婆世界的事放下，把極樂世界的事提起來，娑婆世界的事放不下，極樂世界怎麼去？你這一手拿這個東西，還能拿別的東西嗎？把這個東西放下，才能把別的東西提起來，這是很簡單的道理。要生極樂世界，念佛！得把這個娑婆世界的事放下。我了生死，了生死，也把生死事放下，了那一個不生死的，那才行！這個不放下，那個拿得起來嗎？所以看破就是要你放下；看破了這個娑婆世界的事，看破、放下。這個厭離心明白了，那一切眾生都不受果，都要生厭離了，那就是大悲心了。你要幫助別人，得有智慧，沒有智慧不行。得有般若心，加上菩提心，菩提心種菩提道，菩提道是幹什的呢？參禪悟道！

來參禪，參禪的意思是你一進禪堂，什麼都放下。但是我們這裡要講開示，這是幹什麼？很多禪堂並沒有講開示。禪堂裏也沒有佛像、燒香和擺拜墊那些東西，也不是磕頭的地方，懂得這個意思就行了。

禪堂裏什麼都沒有，空的，除了禪坐。有時候，有的禪堂中間，是一尊達摩祖師立像，托著一隻鞋，像也不同。先知道這些情況了，完了，第一個先放下，一進到禪堂裏頭來，把禪堂外頭的事都放下，寢食的事也放下，廚房的事也放下，學堂的事也放下，全放下來。進到這兒來，學開悟。那個不放下，這個悟不到，只能耽誤！拉拉扯扯的，到了這裡，一靜下來，家裏的事、你所管的事，都現前了，你怎麼還放得下？你沒有靜下來沒事！你一靜下來就麻煩了，什麼東西都湧現。

以前在金山寺，有一個賣豆腐的，有一天他挑了豆腐到金山寺，這一天他心血來潮，跟知客師說：「我也到裏頭來坐，我看你們坐好多年了，必定有好處。」知客師說：「好處是有！你要坐坐也可以，但你不能進裏頭去，不能到禪堂去，只能在禪堂外頭坐，什麼話也不能說。」這位賣豆腐的就坐著，一打板放香了，知客師就來問他：「你有什麼收穫？」他說：

「唉呀！收穫可大了！」「什麼收穫？」「哦！好久好久以前，有個豆腐帳，我本來給忘了，一坐忽然間想起來了，某人某人那一年還欠我豆腐錢，我得趕緊去跟他要錢去。」

這是什麼意思？雖然只是個故事，我聽了這個故事，很動心！心一沈靜下來，它就會浮現了。你多生的事都會浮現，但是這個時候，再把它過濾，都放下，都是不對的。這個時候，你在禪堂坐，不論什麼來了，你都把它滅除。不動念是不可能的！你一靜下來，念頭多！愈靜念頭愈多，你把它一個一個都排遣、都放下，完了，漸漸才能進入，把舊的都放下，你再提起新的。但是這個功夫，起碼得一個星期，把舊的都放下，讓它不浮！整理心力，重新再來。那我們在這裏第三天了，眞的是妄想湧現，要是一靜下來，什麼都來了，你的第一手功夫就是放下！說一進禪堂！把禪堂外面放下，當你一坐的時候，一起這個念頭，不是禪堂念頭，放下！放下！那一放下就告訴自己，自己心裡做什麼？這樣你才能入門！如果你舊的放不下，新的怎麼拿得起來呢？

入禪門之後，你就參，問你自己是誰呀？你可以想自己！修無我觀，這個一步一步都有觀！修無我。你想，哪是我？你問他，念佛是誰啊？我們不舉「念佛是誰？」念佛就是阿彌陀佛，這個你不要懷疑，明天就開始打阿彌陀佛、念阿彌陀佛，念阿彌陀佛是誰呀？念阿彌陀佛就是極樂世界，你要去的！去求他給你做老師！那麼還需要問他是誰呀？他就是你的老師，你就這樣想，這是我的老師，我就依靠他，我到他那去學了。這個世界上，釋迦牟尼佛涅槃了，阿彌陀佛還在說法，去吧！你必須有這樣的決心，你自己逐漸逐漸地進入。

但是有一個條件，不要生起煩惱，坐的腿子疼了，也不要生煩惱，疼了，你就放下！讓它不疼了你再來坐，這是鍛鍊，心裡想了，千萬不要生煩惱，我怎麼業障這麼重呢？靜下來是要修道的，本來沒事的，又增加一個煩惱，煩惱上又增加煩惱，本來就在煩惱當中，有任何事，你就想：「我不煩惱！」自己跟自己說：「唉！假的，煩惱什麼呢？」以後就過去了，就沒有了。這以後還有好長一段時間！已經過了幾十年，已經過了一輩子了，它還是過不去，那就下輩子再繼續吧！反正是不斷的。你這個業，跟著你是不斷的，非得你空了，沒有了。

說空就是，眞正心裏不留戀了，一切都不留戀了。說說很容易，做起來很難。一點點小事，像我們每個人的口味，南方吃的不同，北方吃的不同，你從北方到南方出家，吃的生活不習慣，住的生活不習慣，氣候也不習慣，一切都不習慣。你怎麼把它變成很習慣？要是變成都很習慣了，到哪裡都很習慣。這就說明你沒有在煩惱當中，你不煩惱了，你還修什麼道呢？

諸位參禪時，好好去參吧！參明白的時候，什麼煩惱都沒有了！「煩惱即菩提」，是這麼「即」的；「生死即涅槃」，也是這麼「即」的。等你明白了，你就能掌握一切諸法，不隨諸法轉了，那個時候你已經入道，祝大家早日入道！

親近四位大師的經驗

一九九五年　埔里正覺精舍

諸位大德，諸位道友慈悲：加持我，增長智慧。

我走的地點多，有的人曾經跟我說：「能像弘一法師、慈舟法師、虛雲老和尚、倓虛老法師那些大善知識，在哪裡有？老法師您給我介紹一個，我去跟他學習。」

我說：「就是弘一法師在，你這個樣子，他不會理你。」

弘一法師，不是那麼容易親近的。他寮房的門永遠是關著的，你想跟他說幾句話，他沒有時間跟你說。

慈舟法師，整天披著衣，講完課，他就圍著佛堂轉：念阿彌陀佛！阿彌陀佛！阿彌陀佛！

倓虛老法師，他的事務多，接觸的政府官吏多。我們這裡有幾位道友，曾經跟著他到過華南，如果你們想跟他多親近，多說幾句話，他沒有那個時間，並不是他不慈悲。

虛雲老和尚，他在禪堂講開示，就是你親近他的時候。不過一個月他才講兩次，你可以到得了他身邊嗎？即使他真的在你身邊，你能得到他的智慧嗎？

倓虛老法師

在這裡，大家熟悉的是倓虛老法師，我就先講講倓虛老法師好了。

倓虛老法師出家很晚，沒出家前受很多苦處，大家看〈影塵回憶錄〉就可以知道。但〈影塵回憶錄〉所寫的是表面的，有更深刻的。他是再來的大德。凡是再來的大德，他一定先受些苦難，折磨折磨。

倓虛老法師，他跟王志一、陸炳南（編者按：後來出家就是樂果和尚）、于澤圃（即如光法師），他們幾個都是道友，共同學佛的。

那時候，他們在營口宣講堂共修，而宣講堂本來是專辦善事的。後來，他們轉向研究佛學，最初開始即研究《楞嚴經》，再來研究《金剛經》，他是從《楞嚴經》、《金剛經》入手的。《金剛經》研究最好的是陸炳南，就是大家所知道的樂果老和尚，我們在東北都叫他「陸金剛」。一九三五年秋，我赴青島湛山寺依止倓虛老法師，後來跟老師到東北傳戒。他特別交待我說：「我有幾個老道友，別把他們得罪了。」我因為在老法師跟前擔任衣鉢，又是法師，引禮師，四面八方都是通的。

我們那個時候，情況非常複雜，那時東北被日本人佔領；同時有日本的特務機關，對我們去的人特別調查，大家看〈影塵回憶錄〉都可以知道。跟老法師一起去的人有善果、善波、戒如及我，由於隊伍的安全問題，老法師告訴我們言語要特別注意。那些老居士要見老法師，他們來了，遇到老法師正在睡覺，讓我給擋下來。當時我年紀小，我就問他：「你是不是佛弟子？」

「嘿！你這幹什麼！我學經的時候，你還沒出生呢？」

我說：「那是以前的事。現在我是三寶，老法師是和尚，僧寶是我們的老法師，你是在家居士，你要是不服氣，你就剃頭出家；不然，你得照著這個制度。」他一賭氣就走了。後來我跟老法師說了，老法師就笑一笑。

老法師的特點是什麼？他非常圓融，對誰都是慈悲圓融，這是第一個特點。因此，他對這些老朋友也不得罪；至於我，我沒錯，他也不能責備我。他知道我的個性，要是我對的，誰說我不對，我要跟你吵；要是我不對的，我跟你磕頭。老法師他對任何人，那個弟子、初參、老參，一律平等。

老法師，他第二個特點：他從來沒有私人的東西。

他的東西，我當衣鉢師歸我管，我想給誰就給誰，他從不過問；從不過問誰收了東西，誰收了什麼好東西。但錢可就不同了：錢，收了，就得交給我們當家的，這是屬於十方的。這個特點，不論是到華南、東北，在湛山寺都如是；在東北，不論是哈爾濱極樂寺、營口楞嚴寺、長春般若寺。

其次是老法師發起學戒，這跟我有一點關係了，因爲我是在慈舟老法師那裡學戒的，我就經常跟老法師閑談，談起學戒的事。老法師就說，那我們請慈老來講戒，就去請慈舟老法師來了。

老法師出家之後，就做了大法師，他所排除的困難特別大，任何大的艱難，他都頂得住。大家可以看看〈影塵回憶錄〉修極樂寺那種困難，他是把生命看得很淡，就是爲了常住，爲了寺院，他一定要做。

還有，我們東北自從請了慈舟老法師講戒，老法師就下了命令，凡是屬於他的系統一律「過午不食」。哈爾濱極樂寺、長春般若寺等，一律過午不食；別的，我們做不到，過午不食一定要表現。結果我就成了最大的罪人，所有我們東北一些道友及我的同學都罵我：「最壞了！」那時候，誰學戒啊？

後來藉著學戒，我到極樂寺、般若寺講戒，就求慈舟老法師說：「戒律是有開緣啦！不然行不下去啊！」慈舟老法師說：「怎麼開緣呢？」我說：「喝點豆漿嗎？晚上就喝點漿，有病的人可以吃啊！這是戒律允可的，不是我們節外生枝的，可以調和一下！」

倓老法師，他想做什麼，如果他認爲是正確的，他一定要做；做了，任何人都反對不了他，大家可以看「法源寺」那一段。倓老法師接了法源寺的方丈，外面的壓力，結合舊勢力老和尙的壓力來壓他，他都能堅持，這是他的外相。他的行持，他內裡的觀心方法，是大家所不知道。

倓虛老法師，他是學天台四教的，反而請學賢首五教的大德說法，慈老法師是學五教的，而且還是學戒的；像請弘一法師，弘一法師是學戒的，而且是弘揚地藏法門的，老法師都尊敬地請來。

老法師要我們「坐地參方」，不要到處跑，你們要親近哪一位大德，我給你們請來；如果不是因爲七七事變，我跟妙湛和尚在倓老法師的指示下，原本準備請印光老法師到湛山寺來開一間念佛堂。這是老法師的行持以及弘揚正法的決心。

現在在香港的法師，倓老系統的弟子佔多數，特別是我們東北，好像產生「法身」似的，能說能講，不論比丘比丘尼。例如通願法師，通願法師這位比丘尼走的很好，她是東北人。還有一位圓照法師，她在一九三五年，就辦了女眾佛學院。這兩位比丘尼走的時候，走得相當好。那時候，我們東北的佛法盛極一時，以至於現在，這不能不說是倓老的特點所造成的。要說是老法師的福報很大，他四十多歲才出家，出家之前苦得不得了，子女又很多；一入了佛門，就是法門的龍象。

老法師在學法的時候很苦，大家看看他在觀宗寺求學，考試放榜的時候，前頭沒有他；年紀大了，記也記不得了。但是一出了觀宗寺弘法的時候，他和寶靜法師是諦閑老法師之後能繼承的人當中，最有成就的。

慈舟老法師

月霞老法師，他是弘揚賢首五教的，底下出了一位常惺法師，四十多歲就圓寂了；還有慈舟老法師及持松法師，持松法師後來學密宗去了。那些大德的行持，我們只能取他們一點，除了釋迦牟尼佛，每一位菩薩都還有一分無明在，還沒有完全斷除。慈舟老法師的特點是：自修。法師應該弘法利益眾生，而慈舟老法師的自我約束非常嚴。我們「法界學院」的特點，就是「超出三界」。

在鼓山的時候，我們的課室在上頭，寢室在下頭，中間是我們的念佛堂。我們沒有參加禪堂，我們一下了課，老法師就領著我們在念佛堂，大家念佛。上頭是睡覺，下頭是念佛堂，都是在講課。老法師的寮房在門口，你想離開這個門，你是離不開的。

沒有初一、十五，也沒有星期、禮拜；上午是戒律，下午是華嚴，你想離開嗎？我們那幾年，除了過年；大家共同要求老法師：「我們到山上去看一看、旅遊一下。」就只有這麼一兩天假。洗衣服啊！你中午有時間自己洗，不然規定初一、十五洗澡。但是那時候的道友們，總共五十個人。畢了業，除了一個害病死了，一個不缺。現在做得到嗎？現在的道場能夠一個都不走？恐怕早跑了。

湛山寺就不同了！湛山寺開流水席，一年也有走的，二年也有走的。但是，有個原始班的，就是我們最初去住茅篷的道友，一個都沒走，一直跟著倓老法師，有的還跟到華南地區。那些的大德們之所以能守得住，是心向著道。每一個學生都有一個了生死的心，這是一個根本。如果沒有了生死的心，要是從現在的社會角度來看，就苦死了。

你說這個自由那個自由，行動沒有自由，沒有你的空間；就只有學！學！拜！懺悔！此外沒有別的。但是，我們那個時候的同學有成就的很多；不過弘法的不多，這是個人的因緣不同。

弘一老法師

弘一老法師，他很簡單，不收徒眾；他跟前只有一位傳貫法師，還是晚年來照料生活的。傳貫法師應該學得很多吧？不可能，傳貫跟弘老很少有談話的機會。在一天裡，早上老法師開了門，進去打整、打整，或者想談些問題，有什麼話，老法師不得不跟你說話，寫個條子給你，你就照著條子辦。你要是有什麼問題，寫個條子在老法師的門邊遞著，他把門開開才跟你說。

我請老法師到青島湛山寺，因爲傳貫法師是福建人，話也不通，必須得增加我一個侍者，只准我能到他的屋，能跟他說話，只能這樣做。

誰請老法師開示，老法師總是這樣回答：「我還是學人；我還在學，我沒有開示你的。」弘一老法師有時候念念佛，有時候就寫寫。別的都擱下了，書法他沒擱，因爲他要寫經，寫的盡是「華嚴偈頌」，他也用書法來弘法。老法師身體不好，講《隨機羯磨》時，後來還是仁開法師代課幫忙講。老法師氣力不足，坐著跟你講，你都聽不了。那時他的身子特別壞。親近弘一法師，怎麼親近？你得會親近，看老法師怎麼做，你就怎麼做。

所以不論你什麼時候看，老法師總是坐在他那書桌旁邊，寫字也好，沈思也好；你在外頭看著他的影子，你就能知道。如果大家到福建泉州看看弘一紀念館：出家那時候的傘，下雨天遮雨，夏天遮遮太陽，冬天遮遮雨，壞了他自己修理。看看他漱口的楊枝，還有幾口沒用完；看看他那個蚊帳，出家時所帶的，還是那個蚊帳，沒有變過。看看他那麼清高，你看到，在心裡面會深深掉下眼淚。

老法師有一次問我：「你將來要做什樣的人啊！你看我這樣的生活習慣能習慣嗎？」我說：「我不習慣。」「你恐怕對我這（習慣）有意見吧！」我說：「我有點意見、不大，但是我做不到。」我心裡所見的：老法師個人的修爲清高，老法師素不接觸人。但是另一方面，老法師身體不好，他的教育，就是身教，你看就好了。

想多接近老法師，他每天會散步二次。在湛山寺的時候，他下午有時間會出來散步。「你別往老法師身邊走！」我跟好多同學打招呼，你一走過去，他馬上就回寮房了；他不會在路上跟你遇見，隨便跟你打打掰，散散步，聊聊天，永遠不會跟任何人聊天。你要親近弘一法師，你親近得到嗎？那時候，閩南佛學院的那批大德都想要親近他，後來都是大法師，他是不接觸你的。

弘一法師，他除了寫作，還是寫作，很少離開桌邊，不寫不作了，你就會看到燒香的煙，他會點很好的香，在那兒靜坐思惟。

「老法師，您在想些什麼？」

老法師對我說：「我在想我的錯處！」換句話說，就是想自己的罪業，隨時念念地懺悔。他的特點就是：念念三寶，念念懺罪。這就是般若。沒有智慧，這樣的堅持是做不到的。這個，你在弘一法師的全集、傳記，是看不到的。

虛雲老和尚

我所親近的大德不多，就只有四位，現在就講講虛雲老和尚。

虛雲老和尚，對執事、常住、禪和子，他嚴肅的不得了。現在靈源法師已經死了，若還沒死，他可以作證明，他十二、三歲就在老和尚跟前。

老和尚對著小和尚特別慈藹。有些小和尚就摟老和尚的鬍子，他的鬍子很長。

「老和尚，你爲什麼不剃？」

「過年再剃。」他一年只剃一次頭，一年剃一回鬍子。老和尚沒剃頭、沒剃鬍子，你看那個相貌，才沒幾個月又變了，這是他的特點。

你到他的方丈室，什麼東西都沒有，只有一張竹床，竹床上頭一件小衲衣。他穿衲衣，睡覺如是，走路也如是；還有幾件待換洗的衣服。一雙鞋，也是好多年了，他的腳又特別大，很長。那個時候，他在禪堂講開示的時候，我們這些小和尚在後面就溜了，溜到老和尚的房裡去。他就跟你講故事，其他都不跟你講。講故事，哪個山、哪個道場啦！盡講生活習慣，告訴你怎麼生活，怎樣做個和尚。

這些大德，有人說：聞名不如見面，見面勝似聞名。你若見到了，眞正的說，你恐怕很難依止。

我們可以看各個祖師語錄，紫柏老人跟憨山大師，他們的行止，每一位大德的行止，你聽見，羨慕的不得了！眞正在你跟前，你沒法學，沒法接受，就像清涼國師。

像我們這樣子都不能算是他們的弟子。清涼國師，身不著居士之榻，足不沾尼寺之塵。像我們還要到比丘尼廟講開示。在他的一生當中，他的腳是不沾尼寺之土。

倓虛老法師還有一個特點，不論是那個女居士想跟倓老親近一下。妳一進去，他就出去了。「知客師！」知客師就知道了老和尚有女客人來，等知客師來了，他才跟妳說話，他不單獨接見妳，不管妳是那位首長夫人。比丘尼一定要兩位以上，他才跟妳說，這些大德的特點，你要知道。

像清涼國師，那麼圓融，讀華嚴，作疏鈔，「行要方，心要圓」。反正，你做起事一定得有規律，所以一定要學《隨機羯磨》，要學戒律。你的心，圓融是須要圓融，「心要圓，行要方」，不然我們是凡夫，凡夫就是容易隨著環境所轉。隨環境轉，你就墮落了。

我今天之所以會念《地藏經》，拜《地藏懺》、拜《占察懺》，是求請地藏菩薩讓我地獄免了，不然我非下地獄不可；我天天拜著，地獄漸漸就免了。

（心雍整理　方廣摘要）

隨機羯磨淺談

一九九五年　埔里正覺精舍

這裡是清淨大眾，能夠到這個道場來，我心裡非常地歡喜。一切諸法都是因緣生的，緣生是無體性的，我們本來清淨的佛性本心，跟佛無二無別。我們的這個心，也沒有什麼疑念；但是，爲什麼會有差別相呢？「心本無生因境轉」，因爲我們過去種種的業，才造成了這樣的因緣。

我剛才所說的，那是理體上的事，理體上是沒有差別的，大家都是平等平等，沒有老，也沒有小；但是，事上就不能這樣了。我們的心，很清淨，一塵不染，因爲外境而有差別相，這是由過去所造的，所以就有差別相了。

我們要怎樣恢復跟佛無二無別的清淨本性呢？要從事上入手。現在我們的道友中間，有人學《隨機羯磨》，也有人講《四分戒律》，現在的南閻浮提，恐怕很少很少這樣做的了！而且我所懂得，我想諸位道友已經學習很多了，現在只能提供一點淺見，供養大家。

記得我最初到廈門請弘一老法師講《隨機羯磨》，我就向老法師請一個法：「隨機？隨什麼樣的機？」老法師說：「你慢慢學就知道了。」我現在也就把這句話轉告給大家，現在學《隨機羯磨》，隨什麼機呢？大家想一想，我不像弘一老法師說：「你自己想想」，反而要向大家簡略的說一說。

「機」是不一定的，有千差萬別；但是，羯磨法可不是千差萬別，佛明確規定我們做什麼。「羯磨」翻成華語就是「辦事」，辦什麼事呢？辦一切的佛事。佛，他有一定的制度，依據這個制度去辦佛所教導的事。這個制度是什麼呢？大家現在正在學。

例如，僧眾起爭執，人跟人的爭執，爲了分配財物等事情，都應該依著制度去辦，在辦事的時候，僧眾集合，大家共同討論怎麼處理，這就是《隨機羯磨》，現在來講《隨機羯磨》，恐怕就很難了；因爲我們現在所處的社會，受到外界環境的影響，把我們的心都轉變了。

《楞嚴經》上講：「心隨境轉」，我們眞正原具的「妙明眞心」已經污染了，妄想顚倒，是非不分。我們如果想糾正轉變過來，一定要按律來做，從佛教導我們的制度規律來著手。

現在，我請問大家，能夠做得到嗎？我們不能完全做到；我們要「隨機」，這個機，包括了現在所處的時代，跟古代社會完全不一樣了。

在我學戒的時候，不論是慈舟老法師也好，跟弘一老法師也好，那時自己學戒的態度，有點鑽牛角尖，我經常提出問題來問慈舟老法師，後來也問過弘一老法師：「二千多年前，佛制戒的時候，是什麼情況？現在還讓我們照著做，感覺有些行不通吧！」

我這樣說，大家要思考一下，我們應該怎麼辦呢？「隨機！」就隨我們現在社會的機；我們要能夠把經所教導的義理，跟戒結合起來。

我們首先要理解：佛在世的時候，「戒」跟「經」，沒有不合在一起的。我們舉大家最熟悉的《金剛經》，加以說明。

佛到了吃飯的時候，就去托鉢，把鉢一洗，敷座一坐，大家就圍攏起來，佛就給他們講《金剛經》了。須菩提一請法，佛就給他說了，沒有什麼神秘的。我是這麼理解的，佛當時說法，遇到那一類機，今天有這麼因緣，坐著就說了，說了兩三分鐘，說完就完了。

有人聽了《金剛經》，只聽了名詞；有的人一聽見《金剛經》，立即開悟，就依教奉行了，甚至後人一念，六祖大師一聽就開悟了。我們諸位道友恐怕念《金剛經》的人很多吧！我天天念《金剛經》一遍，到了現在好幾十年，到現在還是這麼耽誤著，也沒悟啊！

我自己感覺很慚愧，就是不隨機，也不對機。讓我講，就會；你聽見了，對機不對機，對理不對理，開悟不開悟，跟我沒關係，我不負責；我只負責講，現在是這樣的弘法，我說的是老實話。有人說我不好，也好；有人謗我，也好。

我們學法不能隨便學，連佛都不管了，學什麼法呢？那不叫學法，學法一定依照佛怎麼說，我們就怎麼做。但是，你要考慮考慮，自己是什麼根機。佛說法是對機的，不要把佛說「阿含」，跟說「般若」的時候，互相扯爲一談。

佛在那一會說的經，說完了，與會的大眾悟得了，都去修行了；你要是把向那些人說的經來跟這些人說，根本就不對機。所以，人家才說我們佛教自相矛盾，佛說法並沒有矛盾，他對那人就說那法，這是對的；聞了法，他就去修行，成道了，他就走了。後來又對這批人說，說了這個法，他就去修行，也成道了。

當前台灣就出現這種現象，有所謂「南傳」跟「北傳」的矛盾。有人說，大乘經典是後期所傳，是假的，不是佛說，不是眞實的。如果是學大乘教義的，就說小乘太執著、不圓融，不能成佛。尤其是對修學《阿含》的人說，「彈偏斥小，歎大褒圓」抬出來了。其實，他們不知道，佛說《阿含》、〈俱舍〉，那是根本的法義，你必須這樣做。你怎麼了生死？

在我們這個道場，我是禮拜、供養、懺悔、讚歎、隨喜。講《四分戒律》是對的。我以前學戒的時候是先背，背完了，我就問慈舟老法師：「這裡面有些戒我們還能持嗎？」「怎麼不能持，每個戒條都要持啊！」我說：「有幾個戒，我持不了！」他說：「爲什麼？要懺罪。」我說：「你要我蹲下來解小便，我就不習慣，我得改褲子！」

我有一次問弘一法師：「抽紙煙，犯戒不犯戒？」弘一法師說：「佛在世沒有制戒，但是損威儀。」在泉州傳戒的時候，有些在場的大德，想把戒煙加進去，不許吸煙，吸煙就犯波逸提。弘一法師說：「這可不能加，戒只有佛能制，後人不能加。」如果加來加去，可就沒完沒了。

我感覺到我們出家學佛是爲什麼？大家想過這個問題沒有？如果以前沒想過，現在想一想：「我們出家了，辛辛苦苦，世間的五欲我沒有得，那是爲了什麼，有沒有想過這個問題？」如果沒有想過，我跟大家供養一下，我們出家的目的是：「解脫」。

但是據我的了解，有好多人本來是不學戒律，一學戒律，他自己出了好多名堂把自己綑著：「進廟時，進門沒對了，磕頭、合掌沒對了。」他認爲他自己合得很對，其實他就錯了。

再舉個例子，有人還說：「老和尚那麼合掌，你看我們都那麼合掌；合掌合得緊緊地，必須一點縫都沒有，這才合法。」我說：「誰告訴你的？」「我師父！那些居士！」我說：「我所學的合掌，是像蓮花含苞待放似的，內裡要空，這叫『空有結合』。」

還有是磕頭，在西藏要磕大頭，各種廟裡磕頭都不同；還有各個廟念阿彌陀佛都不同，都有自己的韻調，這些學者到寺廟促銷怎樣拜佛，但是這跟學習「解脫」有什麼關係呢？越弄越苦惱。以後掛單就不要掛了，現在每個寺廟規矩很多，但，是不是合乎佛制？眞正的佛制是《隨機羯磨》。

我跟大家說，很多人出了家，根本沒看過《隨機羯磨》，你相信嗎？我告訴你們，我們在大陸傳戒，「講講《隨機羯磨》！」「沒有時間啦！念念《四分戒》戒文就好了。」念完了，就擺在那邊了，半月半月的布薩，還肯做嗎？

但是，佛所制的每條戒，都有制戒的因緣。不論你看的是《十誦廣律》、《四分戒律》、《僧祇》、《婆沙》，他最初都有制戒因緣。佛是眾生犯了，謗毀了，佛才制戒，佛陀並不是一成佛，在鹿野苑跟五比丘轉法輪時立即制戒；或者是凡一有比丘僧眾，就給他們制了好多戒條。

我們在學戒的時候，可以依照弘一大師圈點的《南山三大部》（即〈四分律行事鈔資持記〉、〈四分律含註戒本疏行記〉、〈四分律羯磨疏濟緣記〉），因爲我們沒法看懂，文字也深奧。弘一法師說，《南山三大部》在中國很適合。

我們諸位道友學戒，是以戒爲主。但是我感覺到「四根本戒」、「十三僧伽婆尸沙」，這可以深入學習；至於「卅尼薩耆波逸提」、「九十波逸提」等等戒條，如果這些戒條也是羯磨，大家不用念經了，就做這些事好了。

在此處，我把我的思想供養給大家，錯了，你們不要聽，記得這句話：「不論你做什麼，一定要有智慧，持戒也得有智慧。」是犯是持？很難說。

現在就提「結夏安居」。

文殊師利菩薩是出家眾，等到結夏安居完了才回來，迦葉尊者就問他：「你到那兒去了，怎麼結夏安居你不在？」「我到王宮去了。」「你到王宮作什麼？」「我到王宮給後宮說法了。」迦葉尊者說：「你不如法，開除，擯出僧眾。」就把文殊師利攆出去了。一攆出去，文殊師利就現神通。

文殊師利菩薩有大智慧，結夏安居時期他去說法，應不應該？各人對的機，各人說的法，不一樣。我說這個例子的意思是：「大家學戒要學智慧」。懂得戒的涵義是「防非止惡」。因爲「防非止惡」，讓我們智慧增長快一點，戒身清淨，智慧一定很大。

還有，我們一定要分析，心跟事一定要分清楚，心一定要防範好，往往你做了這事情了，從事相看，你是錯的，從你的菩薩心看，你是大菩薩。這樣就要道海律師、了一老和尚以及果清方丈護持大家了。

現在這個時代，是離不開善知識，離不開善友。「明師難遇，善友難逢」，如果是像「正覺精舍」這樣的清淨道場，大家共同學習，沒爭議、沒意見，能住的下來的，能夠安心修道，很不可多得，現在已經很難找了。

在這個時代，有一萬六千大阿羅漢在這世界上，釋迦牟尼佛不讓他們入滅，讓你去親近他們。文殊、普賢、觀音、地藏，每天都在你身邊，無處不現，無處不是，你不去親近他們，是你沒道德；憑你的道德，只配認識我這樣的甇和尚。

現在彌勒菩薩在兜率院內說法，你去嗎？阿彌陀佛在極樂世界說法，東方藥師琉璃光如來都在說法，你爲什麼不去？那些不都是大德，他們那德比誰小？你得先考慮考慮，你自己修到什麼程度，就遇到什麼道友；不然，在這個道場，你也住不住，因爲你沒這個福德。

哪個大德是大德，這是你的分別心。我問你：當初在宋朝末年，你看見道濟禪師，他喝酒又吃肉；你見了，又跑著遠遠的，你會拿這破戒禪師看作大德？不會的，我們的心裡先要自性清淨，這是修道者必須具備的。你持戒、學戒的時候，要先發眞心。

對於戒律，你能做到的，你要不做，絕對犯戒，你自己心裡想想；而這個事情，你絕對做不到的，你也不要勉強找苦惱。但有幾件事我要說：你不想找苦惱而去找女人，那可不行。四根本戒，不論那個國家法律，什麼地方，不論如何你都必須守四根本戒。

比如現在，我舉十三僧伽婆尸沙戒爲例，加以說明。你「不能跟女人同道行」，那麼你坐公共汽車，不跟女人同道行，那你一部車都坐不成，只有走路，現在到處都有女人。現在你說我是持戒的，「不能跟女人同坐」，那你就別坐了，火車、飛機、汽車，永遠沒你坐的了，連輪船也一樣，要持清淨戒，能持嗎？佛也會原諒你，這時代不同了。

我隨意舉個例子，是表示學戒要有智慧。有智慧的人，他的方便，都是解脫。「有慧方便解」，有智慧，你所行的方便，都是解脫。「無慧方便縛」，沒有智慧，你想去方便，那是束縛，自己綑自己，自己造罪。

佛所說一切的法，你若要向外面去理解，錯了。佛法是什麼呢？佛就是覺。覺是什麼呢？覺就是明白。你明白了，你就是佛；你覺悟了，你就是佛。明白的方法，就是你的心法。你遇見一件事，應用你的智慧，判斷、分析，你怎麼處理。如果不行，再問各位道友，請問方丈和尚。

當我們煩惱重的時候，就把經本打開來持誦。我是這樣做的，煩惱特重，把經本打開，好好地念，看佛怎麼說。你這一念，又有懺罪，你就可以開點小悟；當你念完了，作完了，煩惱也沒了，化解了。話又說回來，我們學佛的目的是斷煩惱，斷的力量沒有，先伏煩惱。

不論你學哪一法，我說這個是對大家一點供養。不過，你們可能還有很多問題，要是有問題，這裡有兩三位大德，足夠讓你們學的，看看他們怎麼做的。

我最初出家是糊裡糊塗。出家後，學《華嚴經》的時候，我自己就立了誓願：要從自己做起，自己做了，自己得了才算數。對別人，我要看他怎麼做，他說了怎麼好，我不大相信。我認爲說的跟做的都不大一樣，我看很多人都這樣，我自己也是這樣。

智慧，我們能得的，這一點也不假，我可以爲大家做證明。

我是小學沒畢業，十三歲跟父親吵架，我是個小叛逆，很不太好管教，跑出來就沒回家，跟家裡斷了消息，十三歲虛報十七歲，什麼事都幹。最初，去考鐵路警察，我也考上了，就在齊齊哈爾到鶴山之間當鐵路刑警；後來，在火車上跟人打架，之後就離開了。

我之所以小學沒畢業，是因爲跟父親吵架，我父親就不讓我讀書，要我去打工。我們家還是從事小手工業，不是很窮，但我父親不讀書。他不願意讀書，也不願意我讀書，我就這麼跑了。離開家，就自己混；以後出家了，來到了鼓山。

到了慈舟老法師那裡，慈舟老法師要我寫篇自傳，慈老是湖北隋縣人，他的湖北口音，要是慢慢講，兩人說話還能聽得懂；要是一講經就完全聽不懂了。我學的程度又差，要我念《華嚴經》，我也念不起來，連句讀也不曉得。我寫的自傳，老法師看了就笑說：「嘿！我們這是華嚴大學！」

我就是賴著不走，我從北方來到南方的福建，同學之中就我一個北方人，很不容易。我這麼一再要求，慈舟老法師最後答應了：「那好啦！你就留著好了，就幫忙打掃打掃清潔，在佛學院掃掃地，在裡頭跟著同學抹抹書桌。」頭半年就這麼混過了。

實際上，那年我是十六歲，混了半年下來，我自己感覺實在沒趣了。爲什麼呢？同學之間有廣東的、福建的、湖北的、浙江的，語言又不同；我是北方人，他們一見我，就取笑我，同學都拿我開玩笑，年紀又小。

有一天我給老法師打掃房屋，照料生活，就跟老法師說：「半年下來感覺很苦，實在沒辦法，老法師我是來向你告假的，我要走了。」老法師說：「你早就該走了！你到了禪堂，或者念佛堂，或者如意寮，都可以住；

你在學堂，這是不行的。」我就說了：「老法師，心裡還是不想走的！」

老法師說：「你能吃得了苦嗎？」我說：「能吃。什麼苦我都不怕，只要能開智慧。」「那你就別人睡覺了，你去磕頭、拜懺；完了，就誦〈普賢行願品〉，我把〈普賢行願品〉把你教會就行了。」之後，我就開始念〈普賢行願品〉，別人睡覺我就拜。

還有別的同學告訴我，燃香燒臂供佛，別的同學認爲這是冤枉的，但我當然是老實做了。經過這樣，老和尚上課，突然我就聽懂了一點了，越懂一點，越懂一點，就懂得深了，我就不走了。

又過了半年多，我們那時是上完課後，抽籤自動來敷小座覆講，每個同學籤筒都有個名字，就沒有我，有一天我跟老法師說：「老法師啊！那籤筒加我一個名字，可以不可以？」老法師跟我笑一笑：「你要幹什麼？」「我也想講講。」「你也想要講講！那不要加籤筒了，今天下午就你來講！」

覆講是有規矩的，法師講到那，你就講到那；法師沒講，你就不能講，你也不會講。我就不懂，反正叫我講，我就講。講講，講過頭了，老法師沒有講的，我也講了。我的同學疑問著：「胡說些什麼？老法師沒有講，你還瞎說什麼。」那時候，同學認爲我是瞎說，但老法師不認爲這樣。

大概廿歲那年，老法師到福州講《阿彌陀經》，也把我一起帶去；老法師講了《佛說阿彌陀經》的題目，就對我說：「我上山講《華嚴經》，你就留在這裡，講《阿彌陀經》。」這就是我第一次開始講經。

我想大家的程度比我高。爲什麼我後來能算是和尚，也能算是一位法師？我感覺到我是實在地求，要眞心；誠懇的，不能摻加一點虛假，你會開智慧；但是這個智慧開了，不是就有了，如果你要是高興了，或者妄心妄想起了，你也會把它失掉的。

後來到各地去講經，老法師到杭州傳戒，帶我去講戒，老法師講《菩薩戒》，我講《梵網經》。後來，老法師讓我講〈普門品〉，我就當了法師了，一當上法師，就有點飄飄然，每個人都要經過這個過程，就是認識不到自己，就有驕慢，接受供養、讚歎。

後來在湛山寺的時候，人家給我取了幾個名字：我是湛山寺外交部長，到那開會去，或者是開宗教會議；或者像請慈舟法師、弘一法師；派我到濟南講課等等，忘了自己了，會有這樣的時候。

一旦忘了自己，業障就會現起，那時候，遇到一些傳密宗的，又想學密宗到底怎麼回事，想受灌頂。這一參下來，就起了懷疑，密宗到底怎麼回事？我就想了解了解，一了解就想到西藏去學，我自己的老師都不贊成，那時候幾位老師都在。我是一意孤行，叛逆性很強，只要是我想做的。

如果不是以前根基紮得好，所得的一點聰明，是眞正佛菩薩加持的，不是學來的。所以，以後再恢復到佛教界，還能講，這不是虛飄學來的。所以，你現在要我講，我很能講。以後，就在佛學院講，又到閩南佛學院講，還到各地去講經。

我爲什麼要說這麼一段因緣呢？我希望我們每一位道友都比我強，你前生或許比我強，或者你是今生學的，學歷及你所遇的因緣，都比我好，都能開智慧，都能開悟。但是，在你多少有點收穫的時候，一定切記：不能驕傲自滿！你中間會遇到挫折的，遇到挫折了，千萬不要退心。

我在監獄幾十年了。昨天在別處講，有一位弟子問我：「老法師，你都想些什麼？」我說，我所想的有四句話，加持我多住世幾年。那四句話？我也告訴你們：

「假使熱鐵輪，在汝頂上旋；
終不以此苦，退失菩提心。」

能有這樣的意念，還可以回來。

像我們遇了很多的災難，在你學習當中，不會一帆風順的，內障、外障都會來的。你怎麼克服？你從大乘教義裡頭，你只要取一點，隨時觀想，隨時念：不要忘了三寶，那你一定還能回來。再回來，你就知道你該怎麼做了。

我跟大家都是平等的，我們是佛弟子。對我們道友，都是平等的，沒有什麼師徒、輩份；我向來不講這個，我認為師徒、輩份是不對的，都是釋迦牟尼佛的弟子，不論那一位老和尚、還有代傳、代授，實際上我們大家都是釋迦牟尼佛的弟子，這是平等的。

在法性上來說，我們跟一切眾生都是平等的，這個差別，錯綜複雜。

現在我老了，你們大家叫我老法師；或者我有徒弟了，我前世還是他的徒弟呢？這是錯綜複雜，反正大家總得一塊走。你要是看釋迦牟尼佛出家的歷史，就知道是這樣子的。

大家還須注意，根本戒不能犯。

諸位道友：「十三僧伽婆尸沙」、「卅尼薩耆波逸提」、「九十波逸提」，這些你若犯了，我向道友懺悔就可以了。「殺、盜、婬、妄」這幾個根本戒，懺悔起來很難啊！不論國法、不論人情，都絕對不能做的。

你要想把這些都守清淨了，先要防心。特別著重一點：先從你自己起心動念做起。如果你起心動念的出發點是行菩薩道的，你行爲上所做的過錯，人家怎麼批評你，你一律不管；一萬個人說你不好，說你錯，只要有一個人說你對就好了。

「南林精舍」，離這裡很近。我跟那些比丘尼說：「你們的道場很好，不要跑，這就是你們了生死的地方。」在台灣，是我頂禮默拜讚歎的道場。我感覺到「正覺精舍」跟「南林精舍」，確實是要我們了生死的。

我們的心是想了生死，是要伏惑、斷惑。現在雖然沒有力量能一下子斷乾淨，但是一定要壓下去，不能讓它生起現行，「能伏就能斷」。最後供養大家：「降伏煩惱就是解脫」。學佛就是解脫，不是要懈怠。學佛就是要降伏煩惱。你現在要感覺有煩惱了，一定要降伏，不要隨著煩惱轉；一定要求解脫，別在佛門、寺廟爭閒氣，哪個道友碰到誰了，誰又對誰不如意了，這些跟生死毫不相干。

我自己還是有很多的錯誤，向大家懺悔，這就算是供養大家！

（心雍整理　方廣摘要）

緣起性空

二〇〇〇年　新加坡普覺禪寺

緣起性空的定義

諸位道友，大家好！廣聲法師讓我跟大家結個法緣，給我指定的題目是「緣起性空」；佛說的一切教義、一切經典，不離「緣起性空、性空緣起」。這個道理是很深的，不是三個晚上，或者三十個晚上能講完的。因此就簡單扼要地講一講，使這個義理跟日常生活結合起來，讓大家知道怎麼用。

我們爲什麼要學佛法？學佛法做什麼？因爲佛法能啓發我們的思想，使我們開智慧，知道學佛法的目的不是求人天福報，求什麼呢？求成佛，最起碼是求解脫、斷煩惱、證菩提，我們是爲這個來學佛法。佛說法的目的，度眾生的目的，願一切眾生都成佛，那我們的發心跟佛所教導的就結合一起了，我們一定能成就。

說到緣起，我今天跟大家結緣，這本身就是個緣起。一九四〇年我從新加坡路過前往印度、西藏，那時的新加坡不是這樣子，只是個小漁島。

現在的新加坡成了一個國家，而且佛法比那時候殊勝得多，信佛的道友、學佛的道友也很多，這就是「緣起」。

十年前，廣洽老和尚到廈門，我們就談起過去的因緣，這也是「緣起」。一九三六年，我到廈門萬石巖寺請弘一法師的時候，廣洽老和尚那時候是當家師，老和尚的師父是會泉老和尚。這位當家師跟普通的當家師不一樣，跟現在的當家師也不一樣。廣洽老和尚那時候做什麼呢？早上起來做完了飯，把會泉老和尚、弘一老法師照顧完了之後，扛著鋤頭下地幹活去了；快到十一點，回來洗洗手，洗洗腳，又給兩位老和尚做飯，是這樣當家的，沒有充沛的經濟、豐富的物質條件。正因爲那時候的這個緣，而後發展到新加坡，建設佛教道場，這也是緣起。

但是從那時到現在都過去了，往事不存在了，不存在就是「性空」。在性體上沒有這個，遇著什麼緣就成什麼緣，簡單說就是基本的緣起法。就世間相上說，「性空緣起」這個法，包括佛所教育的一切因果規律，都是緣起法。「緣起性空」這個道理還可以翻過來，翻過來是什麼呢？「性空緣起」。如果觀世間的一切相，世間的一切法，這叫俗諦。如果觀法性，這就是眞諦，眞諦就是眞的道理，什麼是最眞的道理，就是我們的心。

大家經常講「信心！信心！」怎麼樣算是信心？凡是佛弟子，先要生起信你自己的心，信我們這個心一定能成佛，信我們這個心跟佛無二無別的，這叫有信心。這個信心就是性空，就是我剛才講的眞諦，用「性空緣起」觀法性，這就是眞諦，用「緣起性空」觀俗諦，觀世間法就是俗諦。眞諦俗諦，二諦一如，觀法性跟觀法相，就是眞俗二諦，是一個，不是兩個。妄依眞起，妄能顯眞，「緣起」顯「性空」，「性空」能成就「緣起」，這是兩個還是屬於二邊。眞諦俗諦不二，眞諦俗諦不是兩個，是一個，這是眞俗不二。這是一種道理，去二邊顯中道，眞諦俗諦不二，法性法相不二，若懂得不二的道理，就叫中道義。

這個題目很深，大家聽到佛教最究竟了義的道理會打腦殼，也就是你聽起來莫名其妙，老和尚講什麼！眞諦俗諦的，感覺莫名其妙。但是你把所學的跟日常生活結合起來，吃飯穿衣，上班工作，也包括你有時念念佛，學學佛法；心裡的思惟活動，口裡的言說，身體所有的動作，身口意三，一切的動作，一切的活動，這是世間法，叫俗諦。信我們自己的心跟佛無二無別的，這個信心的心是眞諦，是理法界，俗諦是世間相，叫事法界，理事不二。

你把心關照好了，把世間事都照顧得很順當，事就能夠顯理，家庭和睦、子孝孫賢，做生意也能順順當當的。佛弟子不是想發大財，除非你發願供養三寶想發大財，能滿你的願。爲什麼？因爲你的心裡想成就世俗的事情，你不貪著，不偏愛，空了才無障礙。我們之所以達不到目的，不能成就，是因爲你心裡有障礙，或者不合法，不合法就是跟佛法不相合。

前面所說的算是開場白，因爲我不知道大家學佛法久？還是學得晚？我也不知道大家聽過好多教義！現在給我出這個題目，說明大家學習佛法很久了，能夠深入，我先把題目跟大家簡單介紹一下，之後再說內容。

先講「緣起」。什麼叫「緣起」？給「緣起」下個定義，就是一切諸法，包括吃飯穿衣，乃至到廟裡作佛事，這都算是諸法。法是什麼呢？種種種樣樣，一說到法，有言說有形相，種種樣樣就是種種事物，它們是怎麼樣生起來的？它們是互相依存，互相對待，相對法。我們看到一切事物，它生起來了，必須有另一個事物跟它配合。

大家知道愛因斯坦發明原子彈，他也發明相對論，說一切諸法都是相對的，不是絕對的。其實這個法，在釋迦牟尼佛教授我們的，就是相對法，「此有故彼有，此生故彼生。」佛給緣起法下個定義，「此有故彼有，此生故彼生，此無則彼無，此滅則彼滅。」這是兩種因果。

佛在小乘的經典著作，教授我們苦集滅道，苦集是世間因果。你知道你現在這個苦果怎麼來的嗎？是你把它招集來的，自作業，這個問題說我們世間，我們生活當中所看到的一些事物。廣洽老和尚修了這麼大一間廟，並沒有說怎麼樣困難，因爲他有福德。但是有的師父想在山上蓋兩間茅篷，蓋不起來，困難得不得了。怎麼辦呢？就住山洞，沒有緣份，沒有福報。

有些道友財富很大，無憂無慮，什麼煩惱都沒有；而有些道友打工，有時還害怕老闆炒魷魚，把他炒了，工作就沒有了，因此經常擔心。

好多人抱怨這個社會不平等，有些道友問我這個問題，他說：「師父，您怎麼樣看？」我說依著佛的教導，世界非常的平等。他很奇怪，說：「您怎麼會這樣看呢？您是老和尚，人家供養您很好，我們那裡的師父很苦惱，沒人理他，您跟他就不平等，怎麼會平等啊？」我說：「你看得不對了。」「我們應該怎麼樣看？」我說：「自己作業，自己受果，怎麼不平等？平等平等。」佛教就這麼樣講，佛教從不抱怨，你沒有修你怎麼想得，前生多生盡做害人的事，能轉到人類已經不容易了。你是善因成熟，否則連人都難得轉，你還想發大財？還想享受？不可能的。

我經常囑咐我們道友，對於比丘、比丘尼，或者優婆塞、優婆夷，不要看他們的過患，不要挑他們的毛病，因爲你不知道他們的因緣，他們是什麼緣起，你知道嗎？你不知道，你這一批評可就造業了，自己要受報。我若是講太深了，有些人可能會不理解，因此講個故事。

從前，在河南鄉間偏僻的山路上有間廟，從外相看，廟很破敗。有一位老和尚行腳，朝山拜佛很有修行，自認爲很有成就，別人看見他也認爲他很了不起。有一天他走到這個地方，天氣很晚了，想在這休息一晚，他進到廟裡來，到護法殿裡把自己蒲團放到地下，說：「我今天在這打坐住一晚上吧。」廟裡的住持和尚趕他走，說：「我們這個廟裡不掛單。」「我也沒有掛單，就在護法殿坐一坐還不行？」「不行，我們這間廟是不留單的，不讓你住。」「不讓我住，和尚不住在廟裡，我住到哪去？」他還是不走，那廟裡的和尚想：「算了算了！」就不理他了，把門關上了。

他就在護法殿打坐，但是心裡很不平，他想：「我這麼有修行，到廟裡來，連在天王殿裡頭坐坐還不行，這個和尚究竟在幹什麼？」他就不坐了，起來想看看這個和尚在幹什麼。走到第一個殿看著很破敗了，第二個殿也破敗了，都快塌了；走到最後一個不是佛殿，很闊的五間瓦房。他說這怪了，不修殿，不修僧房，他蓋這麼好的房子幹什麼呢？他走到跟前一聽，屋裡很熱鬧，那個時候沒有玻璃，都是糊的窗戶紙。他就用舌頭把紙弄破了，往裡一看啊，不看則已，這一看把他氣得要死。原來不是一個和尚，而是兩個和尚，還找些陪酒的，還有些不正當的婦女，在那裡劃拳喝酒，他非常氣，就回到伽藍殿裡頭。

他就向伽藍菩薩發牢騷，他說：「你護的什麼法啊！我這麼好的和尙，這麼修道，你不護法，這兩個和尙，你怎麼會護他的法？」他發頓牢騷就算了，又回到蒲團上打坐了。他很有功夫，一打坐他就入定了。

入定的時候，伽藍菩薩就來了，他說：「我要不是看你有修行，就給你幾鞭子，你發什麼牢騷？你跟這間廟有什麼因緣？這間廟在唐朝修建的時候，你沒有添一磚一瓦，跟這間廟沒有一點兒因緣，能在這裡住住，就算人家對你不錯了。你知道那兩個和尙，他們倆是驢子，廟上所有的椽子、磚瓦都是他們馱上山的。你幹過什麼呢？供養這間廟的施主都享樂生天，跟這有因緣的和尙也都走了，輪到他們倆來享受，因爲他們有貢獻。他們供養完了之後，從畜生道脫離了，轉入人道，這間廟跟他們有因緣，所以他們來享受；因爲他從畜生道到人道來，要修行還要有個過程，你不再要發牢騷。」

講這個故事的目的是，要平等看一切的僧眾，尊重團僧，也就是大眾僧人，僧人必須三個到五個才成僧團。

說這個故事是讓大家認識「緣起」，同時要懂得因果，種什麼因會得什麼果，這叫「緣起」。你種黃豆，想結大米，是辦不到的，兩者是絕對不同的。這個種子就是因，它必須假水土、人工的栽培，這就叫緣。等緣有了，種子變成芽了，一發芽的時候種子沒有了，就成芽了。一切法都如是，這叫因又轉果，你要懂得緣起法，它們是互相爲因的，互相爲緣的。若懂得緣起的關係，此必說彼，此有故彼有，此生故彼生，此滅故彼滅，一切法都如是，互相關係的。有學生必須得有老師，有老師一定得有學生教，老師就是教學生，老師跟學生的關係就是兩個不能缺一，缺一了就不叫師生。

同時還有「多重緣起」，這個老師一定是他父親的兒子，是他兒子的爸爸，是他妻子的丈夫，這叫「多重緣起」。你懂得這個原因，互爲緣起，這叫什麼呢？互有的關係。如果沒有種子，芽怎麼生呢？如果沒有生起的芽子就不能顯出種子的功能，一個是互存的關係，一個是相互的關係。這個種子跟芽子，叫一時；種子種下去，要經過很長的時間，這叫一時互存的關係。當有芽了，種子沒有了，種子滅了，芽生了，芽又變成種子，種子跟芽子的關係，這叫互存的因果，這就叫緣起。

「緣起」有個基本定義，「此有故彼有，此生故彼生，此無故則彼無，此滅故則彼滅。」如果大家到過北京八大處的靈光寺，那裡有座佛牙舍利塔，這間廟是在唐代建的，佛牙舍利來得很早，到了遼代擴建修成佛牙塔。佛塔被破壞之後，到了解放初期，佛牙舍利在靈光寺地基爛石堆裡頭放光，當時住的有解放軍，以爲底下有什麼電訊，隱藏著什麼東西。他們就挖，結果挖出來一個石函，石函打開有個小石函，小石函再打開是很小的佛牙塔，中國政府就修成現在的佛牙塔。那個塔是用七十斤黃金打造的，塔裡頭有座殿，殿裡頭有座金塔，金塔裡頭還有個小塔，那就是佛牙塔。在塔的函蓋上有個偈頌，寫什麼呢？「諸法因緣生，緣謝法還滅，吾師大沙門，常作如是說。」

這就是「諸法因緣生」，因緣生諸法，緣沒有了，法也就沒有了，佛常作如是說。「和尚」稱「沙門」，「佛」就是沙門的頭。「沙門」是什麼意思呢？「沙門」翻成中國話是「勤息」，「勤修戒定慧，息滅貪瞋癡。」出家人就是勤修戒定慧，息滅貪瞋癡。戒定慧是依著貪瞋癡而有的，貪瞋癡是對著戒定慧而說的，沒有貪瞋癡，何必修戒定慧？因爲有了戒定慧了就息滅貪瞋癡，這是相對法。佛在世的時候，有位馬勝比丘經常念這個偈頌，舍利弗遇上馬勝比丘就開悟了，就是聽到這四句話，這是講「緣起」。

總說「緣起」，歸納起來有幾種，我是用淺顯的例子跟大家解說，沒有用佛教的術語，也沒有說佛教甚深的道理。這幾種的緣起非常深，特別是在《華嚴經》講「法界緣起」，講大乘最深奧的時候，「一心緣起」，也就是我們現前的一念心，攝一切緣起法。

前面講「緣起」的定義，根據「緣起」的定義，我們知道，一切法都是緣起的，沒有世間主，沒有造物主。若是說大梵天主造人間，這是虛妄的，並非如此。無造作，一切法無我。這個道理大家可以自己觀，可以這樣想，在平常的語言當中，很少說到「我」。那說什麼呢？說「我的」。不論哪國的語言，都沒說「我眼」、「我耳」、「我鼻」、「我身」，沒有這樣說話的；中間都加個所有格，「我的眼」，「我的耳朵」，「我的身」，乃至「我的一切事物」，都是「我的」。「我的」不是「我」，這個大家可能沒有注意了。凡說「我的」，「我的」不是「我」，那「我」在哪裡呢？這個是參的問題，參無我，本來就無我，沒有地方找到屬於我。身體是我，那就常存了，不會死了。要是有個我，就不會變異了。

一切法無我，一切法無常，都是無常的。前面跟大家講，我跟宏船、廣洽老和尚的因緣，六十多年了，現在都不在了，一切法都無常。大家可以回顧一下，什麼是常的？你找不見一件，你能指出來說這個是常的？沒有。證實了無常，無常不是斷滅了嗎？不是斷滅，而是緣起，因果相續；也就是說你作的業，是有因果報應的，非還不可。這生沒還，來生要還，來生沒還，再來生還，反正無量劫，你非還不可，欠人家的不還不行，那叫因果相續。所以，千萬莫造業，造了業非還不可。

我們讀大乘經典，或者拜懺的時候，經常說「業性本空唯心造，心若亡時罪亦亡，心亡罪滅兩俱空，是則名爲眞懺悔。」這個偈子是這樣說，你的心能亡嗎？心不能亡，罪也不能亡，你不能到俱滅的程度，就達不到俱空的程度。那個性空，你沒有學到，沒有證到，因果絕對是緣起的。

我們講「緣起」，先單講「緣起」，再講「性空」；「性空」就沒有言說了。之後再把「性空緣起」合起來給大家解釋，我只是跟大家提個題目。

第一種是「業感緣起」，說你做了什麼事，一定會感什麼報。你發什麼心，一定會結什麼果，這叫業感。

我們經常說「感應」，有感必有應。經常有道友問我，經上說念一部《金剛經》，有那麼大的福德，念念《彌陀經》，就能生極樂世界，念念《心經》，就能證得般若空，是這樣子的嗎？並不是你念一念，那是告訴你去做。不是一般的去做，做就是修行，修行完了你還有個證得，你證得了，你才能應。或者我們家有病人，或者生意不順當，連貸款都還不上了，要傾家蕩產！我是三寶弟子，求佛菩薩加持，使我不至於破產，那得感，你得求，你求才能應；看你求到什麼程度，應不應，應到什麼程度，這兩者是相對的。你求的誠，你感的力量大，你那業就被你這個感的力量伏下去了，使它不現了，這就應了，這是心力特別大的時候。如果你泛泛的求，不加注意，那就是心不誠。

經上告訴我們達到一心，拜佛也要一心，念佛念到七天，一心不亂。這才能感到這樣程度，才應。不錯，你求什麼都會得到的，但是要看你自己感的程度。所以，「業感緣起」，只是在小乘教義裡這樣說，小乘教義是諸法由業力感應而生起的，這是第一種緣起。

第二種是「賴耶緣起」，阿賴耶識的緣起，就是我們的第八識，大乘的初步是這樣說。阿賴耶識含藏萬法，萬法就是剛才跟大家說的種子。你有什麼因緣，或者水土相適應，它就生出芽了。你的善業相適應了，善根增長。惡業相適應了，惡業增長。它給眾生作種子，我們的六根、六塵、六識，三六一十八種，都因爲「賴耶緣起」而生起的。

第三種是「眞如緣起」，「眞如緣起」是大乘的終教，在五教中說，小始終頓圓，小教，前面已經講了，始教就是初入大乘門的，終教就達到大乘的極點，叫眞如。這個說如來藏，如來藏含藏著如來，如來的佛性，如來的藏性，這個講是不變隨緣，隨緣不變，性空成就緣起，緣起回歸性空。這就是隨緣不變，不變隨緣，才能生起染淨的種子，生一切諸法，這是「眞如緣起」。

第四種叫「法界緣起」，在一乘圓教，《法華經》、《圓覺經》、《大方廣佛華嚴經》說的緣起。不論有爲的、無爲的，一切事物，色心、依正、現在、未來，盡一切處，這是「法界緣起」。法就是種種事物，但是沒有言語的；有言說的、有形相的，都叫法。眞如呢？是無形無相的。依報就是我們依著生存的山河大地，山河大地有成住壞空。正報呢？有情的，他有生老病死。在這種緣起把它都合而爲一，不論過去世的，現在世的，未來世的，都處於「法界緣起」所說，圓融前面的一切。

第五種是「一心緣起」，甚深的緣起，把以上的四種緣起合起來。

「法界緣起」是由緣起顯示法性的。沒有緣起，眞如顯現不了，就是你那眞心顯現不了，如來藏顯現不了，一眞法界顯現不了，妙如眞心顯現不了，一切聖境顯現不了，必須假緣起而顯現。

小乘，我剛才講過了，屬於苦集滅道二諦，《阿含經》就是小乘的，滅道就是大乘法門。中觀是講空性的，不著二邊，不離二邊。不著就是空的意思，不離是空性本身的隨緣二邊。

學法相宗的是「瑜伽緣起」，「瑜伽緣起」就是相應，「瑜伽」翻譯成華言就是「相應」，你的心裡跟瑜伽法相應了，你的緣跟你過去的因，種子相應了，生起了。

「緣起」，大概就是這樣。「緣起性空」非常之深，只能淺顯的跟大家介紹一下。因爲大家不是住佛學院的法師，不是專業的，副業者多，專業者少。這種講解是根據副業來說的。像諸位道友，你學佛是副業，不是專業。比丘、比丘尼才是專業的，他住佛學院，專門研究佛學，講法，就更深入一些，這是普通對大家講，讓大家都能夠領略。

除了講「緣起」，還要講「性空」，這兩個是一個，不是兩個。但是我要講，必須分開講，先講「緣起」、再講「性空」。

《般若經》專講「性空」，而且講的時間非常得長，佛說般若義說了二十二年，講《阿含經》十二年，中間又講《方等經》占了八年。《瓔珞經》、《維摩詰經》，凡是沒有收入般若部的，沒收入法華涅槃部的，這中間都叫方等，說了八年。般若義，很難得進入，時間非常長。爲什麼？說空，顯示性空。因「空」才能明白「有」，你若不學「空」，這個「有」你明白不了。爲什麼？一切法的生起，它的種子你就明白不了。必須依著「空」才能建立「有」，因爲「有」才能顯「空」。「空」怎麼顯示？例如我們這麼一個大講堂，講堂中間是空間，講堂之內的空只能這麼大。因爲這個空跟外頭的空相結合，這個有就是障礙。因爲「空」才建立「有」，你這個地方不空，你怎麼能建立這個大講堂，你擠不下去。

但是你明白「空」，不一定知道「有」；明白「空」，你對「有」還得學，你還不知道什麼叫「有」。所以知道「空」，不等於你對「有」就明白了。我們這個生死輪廻，過去、現在、未來，你能知道你的過去嗎？多生累劫你都幹什麼？你能知道你的未來嗎？你死後到哪道？你都不知道。你要先懂得「空」，明白般若空的道理。

大家都會背《心經》，《心經》第一個字就講「觀」，「觀」就是思惟修，也叫三昧，也叫靜慮，也叫禪定的定。在《心經》裡頭就說「觀」，觀什麼？就是觀一切有法，你觀它知道無常的，不被它執著，全部放下，家庭社會山河大地，全放下。放下，是叫你不執著。

你怎麼才能放得下？看破，家庭是假的，夫妻是業緣，有惡緣、有善緣，沒有緣聚不到一起的。惡緣聚集，夫妻打架，過去就得死守，現在沒有關係了，你可以離婚。這種道理，必須得懂得，這是緣。兒女呢？兒女也是緣，什麼緣呢？你欠他的，他找到你了，你還債。你不要認爲我供你念書，供到你大學，你怎麼這麼不孝順？你該還人家的，還跟人家討價還價？又要有人來孝順你，不可能的。如果他欠你的，不要你說，也不要你怎麼管束他，那個孩子非常的聽話，工作能力非常好，非常的孝順，他欠你的，必須得還債。有兩句話：夫妻是緣，有惡緣，有善緣，無緣不聚，沒有緣你聚不到一起來。兒女是債，有討債有還債，無債不來。

我有一對夫婦的弟子，他說：「師父，我們一直盼個小孩，管他男的女的，都滿意啊。」結婚十五年了，現在沒有小孩，說：「請師父加持加持，讓觀世音菩薩給我們送個兒子。」我說：「給你講個故事，好嗎？」

他說：「好啊。」我說：「你該人家錢不？」「不該。」「人家該你的沒有？」他說：「也沒誰該我的。」我說：「你不該人家的，人家不該你的，你要孩子幹什麼？」他說：「要兒子跟這有什麼關係啊？」我說：「兒子來了，不是要你的錢，就是還你的債，你也不該認人，人也不欠你，你要兒子幹什麼？你看有兒子的煩惱得要死，不聽話，到處給你惹禍。」他說：「哦，是這麼回事啊。」我說：「你再學吧，你學佛多了，就知道比這個還深奧得多。」

《地藏菩薩感應錄》裡頭有個故事。兩夫婦到中年了，有九個兒子，沒有一個聽話的，沒有一個孝順的。他積攢了很多的財富，想什麼辦法讓兒子孝順，就燒香拜佛，一燒香一拜佛遇著一個老師父，他說：「你們要請尊地藏菩薩供，一供地藏菩薩就會轉變了。」他們就請尊地藏菩薩，不供還好，一供可倒了楣了，九個兒子連續的死，最後都死光了。

等過年初三十，這老頭、老太太都五六十歲了，對著地藏菩薩發牢騷說：「地藏菩薩啊，我們從供你那天起，我們就開始倒楣了，走厄運了。不管兒子怎麼不聽話，他總是我兒子，現在都死光了。」到了晚上一睡覺作夢了，地藏菩薩就跟他說：「你抱怨什麼呢？不要抱怨，明天到河邊去看，我叫你這九個兒子都示現。」這老人一聽很高興，看看我這九個兒子，一醒了是個夢。老頭跟老太太說：「我作個夢，地藏菩薩讓我們到河邊看看我們九個兒子。」她說：「我也作這個夢。」他說：「那好，記著別忘了。」

天亮了，就到河邊看兒子。大兒子現了，不是她大兒子，而是被他們害的，他們曾經把人家財產傾吞了，那個人自殺了，報復他們。總之，九個全如是，他倆心明眼亮，做了壞事把人傷害了，回家了就向地藏菩薩懺悔。

懺悔之後，這天晚上又作個夢，地藏菩薩又來了，說：「你供養我這麼多年，我把冤家債主都給你收走了，我也給你送個好的來。」醒來老頭跟老太太一對啊，倆人都作一樣的夢。老太太說：「地藏菩薩騙我們倆，我們倆都五六十歲了，我還怎麼能生兒子？不是開玩笑嘛！」老頭說：「是啊，管他的，這是作夢。」果不其然，沒過多久，老太太懷孕了，生個兒子，這個兒子真正是孝子，他倆享了三十多年的福。

我引證這個故事，說明什麼呢？「只有因緣莫羨人」，你要知道一切法的緣起。地藏菩薩怎麼能夠做這樣的事呢？他倆供養的功德，那個功德是無形無相的，是性空的；供養地藏菩薩是個緣起，這個供養的功德，那個智慧是空的。說地藏菩薩能加持，因爲是眞心，確實供養很誠懇，所以就靈感。一切事物的緣起也有錯覺，我們的修行也有錯覺，修行沒得到，自己認爲得到了，認爲了不起了，恐怕道友都有。有很多人向佛菩薩抱怨，我這麼求菩薩，菩薩就是不加被我發財，我這麼求菩薩，菩薩就是不讓我病好。你求得不夠，感得不夠，怎麼能應呢？這是相對法。感應，你必須先感而後應。

先應而後感也有，我的出家就是先應而後感，我也不知道什麼是出家，也不知道什麼是和尙，什麼都不知道，糊裡糊塗的。

《般若經》的空義，是依空明有，明有正是顯空，空不等於有；但是說我們修定，到無色界天，四禪天就是入定。我們有些修行人，住山住洞，我們過去的祖師教導，「不破參不住山」，說沒有開悟之前不能住山，開悟之後你才能住山去修行。悟是明心，明心才能起行，並不是明了心，什麼都有了，這種觀念是錯誤的。明空不一定執有，悟得是理，不是事。理雖頓悟，事須漸修。我們都知道六祖大師，六祖大師不認字，若是請六祖大師講經，他沒法給你講，你若把經念給他聽，他就能講。他是從理上講，你是從事上問，一切祖師都如是。「緣起性空」做不到，你念他幹什麼？我得福德，福德是會消失的，福德享盡就沒有。你修行眞正的明心了就不會消失，這種種都收攝到剛才跟大家說的「觀」。

我這一觀就普遍了，就發生現行。觀，要怎麼樣觀呢？先得看破，看一切世間相一切事物假的、騙你的，你不要當眞就放下，管它去！一切隨緣，這叫放下；看得破才能放得下，觀世音菩薩就是這麼修的。他從耳根圓通悟得了，一切都放下，看破放下，他就這麼修的，這麼觀的。得到什麼呢？自在，他得到就自在。因爲觀世界的音聲讓一切的世間加持他，讓他們離苦得樂；觀世音菩薩的大悲心是般若智慧的大悲心，是空的大悲心。我們也發悲心，我們那個悲心，流眼淚，是憐憫心，不叫大悲心，「悲」

字上頭加個「大」字，明得性空的道理，度眾生不見眾生相。如果是沒有般若智慧，那把觀世音菩薩愁死，千手千眼也不頂用，萬手萬眼也不頂用。眾生有好多，苦難的眾生有好多，那大悲心得有好多，必須得有般若的智慧；般若智慧非常的重要，不是在那兒枯坐，空自寂滅。

眞正修行者隨時隨地、念念不忘三寶，念念不忘佛法僧。皈依三寶的意義，非常之深。受一個「皈依佛、皈依法、皈依僧」，可以說包括一切經典。「皈依佛」是皈依一切諸佛，「皈依法」是一切諸法，不只三藏十二部了。七佛三十五佛是現在世的，五十三佛是過去世的。你皈依的是無量億諸佛。「皈依僧」也不是一位僧人、三位僧人、五位僧人，而是一切僧人，包括佛不許入滅的一萬大阿羅漢常住世間，就在娑婆世界。你說：「我沒有看見！」你沒有感，他也不應。你身邊坐著的就是賓頭盧尊者，你認識到嗎？你還不是不認識？阿難尊者常在你面前說法，你也不知道。那些大菩薩都是這麼現的，所以必須得「皈依佛、皈依法、皈依僧」，一定要有正知正見對待佛法僧三寶。

入佛門的時候，都要皈依三寶。西藏講密宗修行，他沒有說的那部分就叫密。皈依三寶，「皈依三寶頌」必須得念十萬遍！有好多參加灌頂的道友，四加行都沒有修，灌的什麼頂啊？連你連本尊上師都不知道是誰，能得到嗎？我不是說瞎話，我在西藏住了十年。什麼叫密宗？什麼叫顯？你連四加行、十萬皈依頌沒念過，十萬大頭你沒磕過，供十萬遍曼荼羅你也沒供過，蓮花部、金剛部的百字明，一樣都沒有念過，四加行一樣都沒修，你就去受灌頂，在西藏是不給你傳的。

現在不止和尚法是末法，西藏佛法的喇嘛法也是末法，末法的現相就是如是。我們認爲受三皈不夠，要受五戒，得受菩薩戒才是菩薩，你受了三皈了就是菩薩，就是眞正的佛弟子。如果能把三皈修好，你也就是大菩薩。你連個三皈都沒修好，我說這話可能大家不服氣，我們專門講講三皈，可不是在你們這個道場講，在他們那個道場講，講講就知道。

一定要先學習三皈，之後，進一步學習般若的空義，什麼叫般若空？不是虛空那個空，如果你站在華嚴宗研究空，或者站在天台宗研究空，或者站在法相宗研究空，或者站在念阿彌陀佛的立場上研究空，都是錯誤的。空是遍一切處的，一切佛法都是空；建立般若智慧，你要發菩提心。西藏的教義，就是厭離心、大悲心、般若智慧；厭離世間不離世間，讓一切眾生都離世間，這就是三轉。厭離世間不離世間，讓一切眾生都離世間，先有個厭離心，你就不貪，不執著了，這樣子你才無罣無礙，這個觀你才修得起。這樣修觀，你才看破了，放下了不是就離開，還要讓一切眾生都看破放下，這就是大悲心。只有厭離心不行，得有大悲心。大悲心有愛見大悲，情感的大悲，這不是大悲心，必須得有般若的智慧。智慧來指導的大悲心是眞正的大悲心，菩提心具足這三種。

在漢地的佛教教義上，講的是直心、深心、大悲心。直心正念眞如，深心樂集一切諸善行，大悲心欲拔一切眾生苦。這三個意義都可以通的，不過修的過程次第不同。不要站在宗派的知見上來研究空義，那空義就偏了。先就「有」來說，我念阿彌陀佛，念阿彌陀佛就是「有」，阿彌陀佛不是空門，它是有門嗎？西方極樂世界就是蓮華世界嗎？蓮華就是有嗎？這是化身阿彌陀佛，化身的極樂世界，報身的極樂世界就不是這樣，那是大菩薩所享受的境界，阿彌陀佛住常寂光淨土。常寂光淨土即是華藏世界，華藏世界即是極樂世界，阿彌陀佛即是釋迦牟尼佛，也是東方藥師琉璃光如來。佛的法身是一體的，包括你我在內，我們跟佛跟釋迦牟尼佛跟哪尊佛，無二無別。

我們的法身，理上是通的，事上則不同，所以要相信自己；如果你不相信自己，你的心跟佛的心通不了，學什麼都難得成就的。先相信自己的心！我經常問，有信心沒有？有。你問他：「信什麼？」他說：「信佛。」「信什麼佛？」泥塑木雕的這個不是眞的，這是引導你入眞佛，要對這個恭敬尊敬，你的自性佛才能顯現。法就是一切方便善巧，佛就告訴你方便善巧的方法，八萬四千法門都是方便善巧的方法。

佛說一切法都是方便善巧，「空」也是方便善巧，「有」也是方便善巧，這個道理一定要懂得。阿彌陀佛西方極樂世界，淨土法門此是八萬四千法門的一種善巧方法，不能包括一切。眾生有種種的根，眾生的根機不同，有做工的、有做商的，世界上有種種的行業，只要能掙來錢安家吃飽飯就對了。只要適合你的，坐禪也好，修觀也好，條條道路都是通的。說我只走這一條路，別的路我不走。你自己是這樣子的可以，眾生根機不同，千差萬別，所以佛才說那麼多法。不然，佛說部《彌陀經》就行了，講部《無量壽經》就行了，都上極樂世界去就行了。

我們看觀音、地藏、文殊、普賢，觀音菩薩在極樂世界，極樂世界那麼好，爲什麼跑我們娑婆世界來度眾生？平等平等，不論娑婆世界、極樂世界，十萬億佛土，不論坐飛機、坐飛船、坐什麼，你也去不了的；十萬億佛土，我們連一個小千世界都超出不了的。太陽系這小千世界都出不去，你怎麼到十萬億佛土？就在你心中，所以才能去的了，一念頓生。研究空義的時候，你不要偏於哪部分。

「性空」不妨礙「緣起」的有，你先有「緣起」的有，再求「性空」，因爲「性空」把你緣起的有成就。你念阿彌陀佛，知道我的心跟阿彌陀佛無二無別，知道極樂世界是空的，娑婆世界也是空的，空跟空無障礙，當下便是。說念阿彌陀佛，有的專求數字，要念好多好多，有人規定說念多少萬遍才能去得了極樂世界。

《戒經》裡說，釋迦牟尼佛看見一個老太太，拿兩個筐，念一聲阿彌陀佛把這個筐裡的穀子丟到筐裡，念一聲丟一顆。佛走到那兒看見說：「你們這是幹什麼呢？」他說：「我們這是念佛記數，如果念這一籮筐，我們就見到阿彌陀佛了。」唉呀！佛說：「你們這太困難，我教你們一個方法，『南無西方極樂世界三十六萬億九千九百同名同號阿彌陀佛。』念一聲就是三十六萬億九千九百，把這一籮筐搬過去就是了。」這是佛說的。

還有，佛說的〈阿彌陀佛心咒〉。誠誠懇懇的一心念十萬遍，「嗡阿彌里達得杰哈喇吽」，念上十萬遍，阿彌陀佛和你見一面。佛教授的方法很多，不止八萬四千，這部經有這部經的義理，那部經有那部經的義。你能生到極樂世界，阿彌陀佛就不教你念阿彌陀佛，而是念五根、五力、八正道、四如意足、四正勤，你看看佛化現的雀鳥、鸚鵡、八哥都教你念什麼呢？五根、五力、八正道，就說一切法。沒有再讓你念阿彌陀佛，這是《阿彌陀經》說的。

佛所教授的方法很多，不是憑我們個人的主觀，說我想怎麼樣就怎麼樣，我要怎麼樣就怎麼樣，辦不到的，這叫我執我見。天天講正知正見，我們就落在不正知、不正見裡頭。必須多學、深入的學，你懂得了，包含很多，「但有言說，都無實義」。你耳根所聞到的，那是隨著人的音聲轉，這位法師說這樣子你就聽他這樣子，那位法師說那樣子你就聽那樣子；法師很多了，說的方法太多，你聽的太多了，你不感覺腦子亂嗎？你是不是感覺無所適從，究竟怎麼做才好？因爲我們學的不夠，必須用佛所教的教法來檢查，自己生起慧。

親近善知識難，我說的是眞正的善知識，不是我。我算不上善知識，只是跟大家共修共學一下子。我出家七十年，錯誤滿多的，每天心裡頭、思想上都會犯錯誤，只是人家見不到，但是自己知道。如果自己連這個都不知道，白當了佛教徒，一定得認識自己的錯誤。一天的檢查不是檢查自己的功德，一天念了好多經，拜了好多懺，今天又明白了什麼，而是專門從自己制伏不了的錯誤下手。聽見人家罵我一聲，我就火了！如果能聽見人家的言語我當成風，根本不當一回事，說我好也如是，說我壞也如是，跟我毫無相干。如果他罵的是夢參，「夢參不是我、我不是夢參」，大家參去吧。

從緣起到性空

「性空緣起」，「緣起」部分講多一些，「性空」部分講少一些，因爲「性空」偏於理性的，注重明理。我們說「開悟」，開悟的涵義就是明白自性本具足的，那就叫開悟。這個悟是從哪裡來的呢？是從因緣中來的，因緣具足了就開悟了。因緣沒具足，就不能開悟，因此先講「緣起」。我們前面講到，因緣要是和合了，能生諸法。

緣是固定的，不是強求的，而是自然而然的遇到那種緣。這種緣是不是普遍性的呢？不是的。緣也得你去創造，創造了你就有這個因；再假外面的緣，才能現一切諸法。這得具足一定的條件，比如說我們具足一定的因，沒有緣。我們好多道友想發心出家，遇不到師父；或者自己的父母、六親眷屬跟你作障礙，你也出不成。我們想做一件事，障礙很多。這件事情做不成，就是它的條件不具備。

若是沒有基本因的主導，即使有外面的緣也不成。你必須有因，外面有這個緣，因緣和合了，就生起作用。有時候我們感覺這個緣很不可思議，我們說遇緣了，這個緣是因爲你過去種下了這個因，完了才能生長這個緣。端看因強，或者因弱；緣強，或者緣弱。如果因的力量薄，緣的力量強，雖然遇緣了，這個事情也不能成功。緣的力量很強，幫助你的力量很大；但你自己不爭氣，沒有本事。

像親友給我們介紹工作，工資很高，但你做幾天做不下來，這是緣強，因不足，這樣也不行。自己因強，緣不足，沒有人幫助，你也不能悟道。如果按修道說的話解釋，因是你內具的，叫內因，緣是你外邊來的，緣能促成，這兩個必須和合才能生。因緣生起來之後，不能持久，就變滅了。這個例子很多。比如我們的壽命，要具足父母的因緣，再加上自己宿世的因緣。壽命有長短，有幾歲就死了的，有生下來就死了的，隨著因緣生住異滅，這是萬事萬物共同的規律。

這裡還有一個根本的性體，這就講到「性空」，「性空」能成萬法，萬法依著「性空」的本體而成就。一切事物就是一切現相，這現相是依著「性空」的本來規律而發生的，這是有爲法，不是「性空」的理法。就「性空」的理法來說，一切都是如夢幻泡影，都不存在的，都是虛妄無實的。因緣和合就生了，生了也是假的，《金剛經》講，依著般若智空，「一切有爲法，如夢幻泡影，如露亦如電，應作如是觀。」觀就是，你把一切法看成如夢幻泡影。我們的家庭，我們的社會，都在不停的變化，幻化就是在運動當中，但是我們自性的本體不變化。我們講緣起法都屬於有爲法，不是「性空」的理法。

「有爲」，就是你做一件事情有所造作，也就是我們經常說的業，業就是造作。有造作就有對待，前面我們講的多數是對待。對待就是互相依賴，沒有對方，此方不能成立，沒有此方，對方不能顯，是對待法，這是我們佛教的基本原則。我們修廟，兩邊的柱子都是對稱的，擺什麼都是相稱的，對待的。有因必有緣，孤因不生的，有外緣助成，你本身沒有力量也立不起來的，所以叫對待法。凡是對待法都是在生滅變異當中。

生滅變異含著一種什麼現相呢？空義。空義是不變義。有些變異緩慢，比如說我們這間大殿建立起來之後，沒有什麼特別大的自然災害，在自己的變異當中，它也是在漸漸地銷滅中；可是從我們肉眼看見的，好像是沒變，其實都在變。像我們人生，從十歲到二十歲，你心裡感到沒有什麼大的變化，社會上形態已經變了，你的生理已經變了。

在《楞嚴經》上，佛問波斯匿王：「你什麼時候看到恆河的？」他說：「我三歲的時候，母后帶著我朝梵天，我就看見了。」佛再問他：「現在好大了？」他說：「我六十二歲。」佛問：「你六十二歲看見的恆河跟你三歲時看見的恆河，一樣嗎？」他想一想說：「好像沒有變化。」這種變化是不顯現的，不容易知道。

我在一九四〇年來過新加坡，現在二〇〇〇年來新加坡，感覺完全變了。但是這個土地，它的空間沒有變化；這個變化，因爲慢，你見不到。地球住世多少萬萬年，你看不到它在變化。現在我們的地球走向毀滅，你看不到，生住異滅，在異當中已經走向滅了，住已經漸漸消失了。現在還在住劫當中，這個時間相當的長，從變到滅，不是拿我們的壽命所能計算的，得億萬年來計。

一切諸法都是現相，都處在變異當中；換句話說就是叫我們看破、放下，不要執著。知道一切法是因緣成的，你就創造條件。現在大家信佛，學佛，你就給你了生死、解脫創造了條件。但你現在還在生滅當中，生死當中，這是就我們本身來說。就外頭一切現相，物質都在變化，相對的，好多都消失了，好多新的又成就了，這些變化都是屬於外頭的色法。

佛所說的法，就是色法和心法。像大家讀〈普門品〉，或者讀《心經》，《心經》最明顯，「觀自在菩薩行深般若波羅蜜多時」，這個深般若就是智慧，這個智慧就是性空。我們現在講「性空緣起」，就是「性空」。用體空的智慧來照見五蘊，五蘊是什麼？成就世間和出世間一切諸法，有情的和無情的。我們的肉體就是色心二法，受、想、行、識屬於心法，色就是色法。色是有形有相的，心法是感受，是意識當中的事。受是領納義，你的心裡領受了。想，是你的思惟。行，是你心裡上的運作。識就是識別，包括八種，眼、耳、鼻、舌、身、意、末那、阿賴耶。經常認為是「我」的那個，就是第七末那識。我們經常說打七、打七，就是降伏第七末那識，斷是斷不了的，把它降伏住，消滅我執，對一切有形有相的事物，不要生起執著，這得有智慧。所以「觀自在菩薩行深般若波羅蜜多時」，用深智慧來照了，用法性性空的道理來觀照一切法。知道一切法皆空，照見五蘊皆空，色、受、想、行、識都是空的，都是生滅法。

八識有相分、見分，相分屬於生滅法，見分屬於「性空」；「性空」部分屬於眞，相分部分屬於妄，所以八識是眞妄和合的。你斷的是相分，然後才能顯現見分，見分顯現了，就達到「性空」。「性空」才能「緣起」，「緣起」才能顯現「性空」，這兩個反覆運用。觀自在菩薩照見五蘊皆空時，五蘊就是緣起法，能照的照就是性空法。

為什麼這地方用「照」字而不用「見」字呢？我們一般認為一看見就心裡有作意，有識在中間，這個照的涵義沒有。燈光照我們，太陽光的照是沒有分別的。照見五蘊皆空的照是深般若，深般若是沒有分別的，不是識，是性空的那個心法，就是我們的自性。這樣你就能自在，一切諸法皆空。達到你原來的眞心，一切諸法都不存在，生死輪廻，一切都沒有了，這樣才能度一切苦厄。一切痛苦厄難就是因爲你有執著，看不破，放不下，有罪你就受，有苦你就吃。如果你一切都放下，一切都自在，沒有這些受了。這就是「性空緣起」的大意。

「性空」就是心理上的現相，這個現相假什麼顯呢？「性空」本來沒相的，必須當有法想，心裡現相，心裡頭現相的就是一切色法，就是五蘊。這叫依空而建立的緣起，這叫「緣起性空、性空緣起」。若懂得這個道理，你就知道怎麼了生死，怎麼樣證得不生不滅。總的精神就是這樣子。但是事實上，在你修行過程當中，現在你還不能夠認識緣起，不認得緣起。因爲不認得緣起，你就不知道怎麼樣去修，修行要用什麼次第。

修行是要一步一步走的。我們坐汽車好像不用一步一步的走，車輪子轉，它怎麼轉也離不開，一輪一輪地轉，就是轉的速度大一點，快一點，超越一些，但它不能跳起來。飛機在空中飛，該沒有什麼，該超越。它還是一樣，按航線，一點不會錯的，不過它快一點，我們要整個來看「性空緣起」，例如這一部汽車，或者我們的身體，汽車是由很多零件組成的，前橋、後位元、底盤、方向盤，好多零件組成整體了，你看上去好像是部汽車。這叫因緣和合。汽車分裂了，汽車不存在的。

我們人的肉體，剛才講「色」，色裡頭包括著你這個肉體，眼耳鼻舌身意，這叫六根。這個根，對著外頭色聲香味觸法，法是指你的意識。色聲香味觸法，這是六塵，六根對六塵的時候，沒有作用的，中間一定要加個六識。眼對色的時候，一定要有一個眼識，它就分出了，長短大小青紅紫白，這個叫識。如果沒有這個識，這個根對外面的塵什麼作用都不生起；那個塵，就屬於物質世界，這個識就屬於精神世界。精神和物質，它的眾生都叫「緣起」，依著什麼緣起呢？依著「性空」，依著你的心緣起的，這個世界上一切的現相，是因緣所生的。所以佛就這樣告訴我們，「因緣所生法，我說即是空。」

凡是因緣所生的法，佛用佛眼觀故，都是空的、假的。剛才說：「一切有爲法，如夢幻泡影。」就像作夢似的，在夢中好像是實有的，醒來什麼都沒有。開悟，就像你醒了，醒了之後，一開悟的時候，你感覺你的人生、你所經歷的，不論物質的世界、山河大地，人身，你的肉體、心靈，心肝脾胃，這些同是屬於塵。不是空義，但這個你要經常觀照，知道一切物質都依著一定條件而生存的。我們人，如果沒有衣食住，活不了，還得假空氣、水，幫助你生存的條件，少一樣都不行。沒得空氣，我們能活嗎？沒得水，我們能活嗎？好多緣促成一件事物的出生、成長、壯大，乃至於消失，都如是，這叫因緣法。假外邊很多條件、助緣，來促成你的存在。如果這個緣沒有了，少一緣你都不存在。

但這個緣有特殊性的，如果這個事遇緣了，說我們的命運本來該倒楣的，遇到貴人的緣，給他給轉變了，那麼巧就遇的，不見得遇得到啊！爲什麼要我們多作善事，雖然一樣地造作，我們造作的好事，可別作壞事；這就是我們一般地所說，善有善報，惡有惡報，若要不報，時候還沒有到，因緣還沒有成熟。緣起法就如是。

我們道友中也有算過命的，知道自己的命好不好，遇著什麼困難，遇著什麼病苦，遇著什麼，作生意倒楣，要破產了，找先生算算命，可靠嗎？這是自我安慰。這種安慰是虛假的。怎麼樣才算可靠呢？

現在我給大家講講故事，前面光講理論，大家不能進入。如果你看過宋朝道濟禪師的故事，就懂得這箇道理。在浙江，其實濟公沒走到好遠，就在溫州、寧波，這麼個小圈子裡，就這麼幾個縣。

濟公他有一個弟子，在縣裡當縣長。那個縣，有一座橋叫萬緣橋，從橋的名字，就知道是大家促成的，才能修起這座橋；換句話說，大家出錢修橋，說叫萬緣。一切寺廟都是萬緣，大家出錢修的。橋壞了，坍塌了，新來的縣長想把它修起來，就查一查萬緣橋的橋基，連橋基的磚都沒有了。縣長就打主意，在這附近的村莊查，誰拿萬緣橋的磚就罰錢。一查查到廟裡去，廟裡有一位師父帶兩位徒弟，偷了很多萬緣橋的磚，修了圍牆。新縣長那就拿他們開刀，把他們抓進去了。

這三師徒在牢房裡就受苦了，想找個門路，他們就向縣長求情說：

「杭州有我一個廟親，那個和尚很有名很有勢力，我想求縣長開恩放我一個徒弟回去，到杭州靈隱寺求求我師兄幫助。」那縣官一聽他是濟顛和尚的廟親，說：「濟顛是我的師父，好啦，先把你們放出去。」那小和尚就到杭州，見到當家師廣亮跟他一說，廣亮就派濟公來了。

這裡頭是「緣起」，大家可別聽到故事，把「緣起」忘了。講「緣起」，因爲萬緣橋引起來好多故事，緣起中的緣起，最後是「性空」。因爲講「緣起性空」，大家不容易領會，你要知道因果報應是可以轉化的，錯綜複雜的，緣起中有緣起。

這中間有好多小故事，簡短一點說，濟公就來了。縣長一看，這是他救命恩人，就請到縣衙門招待一翻，大擺酒宴，濟公是吃葷的，不吃素的，他是眞的酒肉穿腸過，佛在心頭坐，不是假借的，是眞的。這個縣，有十大戶有錢的，他們一聽活佛來了，都要捐錢共同來修萬緣橋，就給縣長遞稟貼，成就活佛這個意願。那個縣長很高興，說師父一來都出錢，萬緣橋很快就修起來。

濟公說：「我不要他們的錢。」他說：「你不要他們的錢，那怎麼修啊？」「誰要出就一個人出，這麼多人出我怎麼迴向給你們呢？我迴向都不好迴向。誰出？就一個人出。」這十個人一聽，一個人出誰也出不起，他們說：「師父不接受，那就算了。」這縣長就著急，說：「師父，這些人你得罪不起，你得罪我們這沒辦法，他們這十個是有錢的。」

濟公跟他說：「我去化西邊的王家莊王百萬。」縣長跟他說：「王百萬化不得，他雖然是大善人，社會的苦難他都救濟，可是見著和尚老道，他就打。你到那兒去化緣，不但化不到緣，還得挨一頓打。」濟公說：「就是因爲這樣子，我才去化他。」縣長也沒辦法，他就跟那兩個小徒侄說，回廟上拿把引磬、木魚拿來，他那兩個徒侄就一個拿了引磬、一個拿了木魚，敲敲打打的就來了。

王員外的房子很大，左一個四合院、右一個四合院。平時，要是在房子附近吵，他在裡頭是聽不見的，今天他就聽見了。濟公到這又打引磬又幹什麼的，他聽見外面吵吵鬧鬧的。他就往外走，但是門房這些管家僕人，就來勸濟公說：「大和尚，你走吧，我們老員外對你們沒有緣。等他出來就麻煩了，不但不給錢，還要打你一頓。」濟公說：「讓我走可以，把你們的筆墨硯臺，借我一下，我要走也得留點紀念。」那門房一聽，趕快走吧，免得找麻煩，就把筆硯拿出來了，他就在影壁牆上寫了兩首詩。

「昔日林江問子貧，韓林道我一身窮。至今一時都演富，多虧蘇興馬玉榮。」這是一首。「夜醒三更半夜天，一縷紅光奔正南，揭開古板仔細看，四六黃白整一千。」兩首詩，什麼意思都沒有。

寫完了就跟那個管家說：「他要捨，供養說法，就今天供養，到了明天才供養，我和尚都不要了。我告訴你，我不是嚇他，否則要遭天災橫禍。」撂下話就走。

這老員外從裡頭出來走到這，就問他那個管家，「誰在這裡吵？」管家說：「一個大和尚領個小和尚，破得要死，到這來化緣，要修萬緣橋。我們叫他走，他非要是不走，寫了兩首詩在影壁上。」管家又轉述說，「員外，你要捨就今天捨，你不捨，明天要招飛來橫禍。」

一看這兩首詩，員外就嚇了一跳，說：「趕快請回來，我捨。」

這王員外，過去家財百萬，是位大富翁。在他父親的時代，連遭了三天火，就是自然的，無緣無故就失火，燒得燒窮了。他的父母，窮日子是過不來的了，富日子誰都過得來，窮日子過不來了，窩囊、煩惱，那就死了。這時候剩下他，才十八歲，就沒有辦法了。還好有三間書房沒有燒，書房裡存的，就是紙筆墨硯，書房裡都是這些東西。他一想，家裡也沒有什麼東西了，就拿這個書，拿這個筆墨硯紙，到私塾館去賣。那時候不是現在的學校，都是私塾館，一位老師教幾個學生。

在外頭混了一兩年，也還不錯，賺了一些錢。他想該回去家，看看吧！這一天走到臨江這個地方，街市裡頭，看見大家圍著一個老道。大家都說這個老道算得可靈了，這就是濟公傳上的活神仙。這雖然不是阿羅漢，跟阿羅漢差不多了。這個老道叫什麼呢？叫李韓林。也擠進去算個卦，他不算卦還好，這一算卦，就完了，幾乎把他命送了。李韓林給他看，說他是三根塌陷，眼無首睛，鼻無梁柱，蹋鼻梁，屬於餓死的，還騰蛇紋入口。所說的壞相他占全了，你趕快回家，別在外面漂流了，你活不到兩年。

這老道給他算的卦，後來他之所以不信和尙和老道，原因是這樣來的。那孩子算卦一聽，就嚇到了也很寒心，垂頭喪氣的就回家了。回家去看看，這時他想起一件事，他已經訂婚了。他父母那時候，給他訂了婚了，訂了韓家莊的，他們是王家莊的。韓家莊也是大戶，門當戶對！他說：「別累贅人家了，我這個命就是這樣子，回家去退婚吧，各過各，我就等死。」心裡頭打這個主意。這就是「昔日臨江問子平，韓林道我一身窮」，李韓林說他這一輩子沒有好日子可過。

他就回來了，走到半路上，走得又急又渴又餓，走不動了，看看小土崗又是上坡，勉強爬到土崗上坐一坐，想休息休息。一坐呀，他坐到一個包袱上，他說什麼東西？拿起一看是個黃包袱的東西。他打開包袱一看，盡是金首飾，女人帶的裝飾，他心裡就想：「我的命這麼苦，這個東西不是我的，也發不了，這要誰丟了，可麻煩了，也許上吊自殺。」他就在這守著等著。

果不其然，就有一個騎馬的，滿頭大汗，跑回來了。一看坐著這麼一個小孩。就問他：「先生，我剛才掉的東西你看見了沒有？」他說：「你掉一個什麼東西？」他說：「我掉了一個黃包袱，包袱裡頭是金首飾，我是杭州的，住在北門外，我們的員外叫蘇北山，我是他的一個管家，我們到臨江去跟我們姑奶奶借首飾樣子。我們員外的小姐要出閣，借姑奶奶的首飾樣子打個首飾，我到這馬一岔，就丟了。」這個王太和一看，反正我是苦命的，別害他，就把包袱給他，說：「對，我撿到了，給你吧。」這個人就謝他。這個僕人就叫蘇興。「多虧蘇興馬玉容」，還有一個馬玉容，這有兩件事，蘇興給他謝的時候，他也不要，就完了。

天上下小雨了，他趕一個避雨的地方，山坡上往前走有間破廟，他就到這個破廟裡避雨。他一推廟那個德善門，看見裡頭還一個姑娘，他就又退回來了。他一想，「我一個青年的男孩子，她一個女孩子，我若在裡面避雨，明天我們說也說不清楚，不是把人家給害了。」那時候的禮教很嚴格，不是像現在，現在無所謂。他又退回來了，就在那個雨地裡站著，在外頭坐著，等到天亮。他問這個姑娘，這個姑娘叫馬玉容，他問她：「離這好遠？我就在前村，我到我舅舅家裡去住的，竄門去，跟我舅媽吵幾句嘴，我就回家，走到這下雨，在這裡避雨，天就黑了。幸虧遇到先生，你是好人。」讚歎他一番，他就送她到家去了，他們家怎麼謝他，他也沒接受，吃頓飯就回去了。

回到他家裡，就去退婚了。一退婚就出來麻煩，出來什麼麻煩呢？他岳父跟他說：「我的女兒跟你訂婚的時候是個好人，自從你們家裡失了天火，我的女兒他著急上火，現在她變了瞎子，雙目失明，我還能把她嫁給誰？這個婚你退不了，不但退不了，我現在就讓你們結婚。」「結了婚，我們怎麼過？」他說不要緊，我給你幾百兩銀子，你不是在外面會賣紙筆墨硯嗎？闖蕩兩年，就在家裡賣紙筆墨硯就好了，他也沒辦法，說：「好了！」就把那個三間破書房修理修理就成親了，結了婚。

這是第一首詩，「昔日臨江問子平，韓林道我一身窮，至今一時都演富」，你爲什麼富的？見財不貪，見色不愛，這樣的人很少，「多虧蘇興馬玉容」。李韓林算卦的時候，沒錯，算得很對。中間，你的緣起把它改變了，強者先牽。說他作的善事功德大，把他過去的那個業報轉化了。這叫「強者先牽」。

王太和僅僅是救了蘇興、馬玉容，那個功德在社會上看著很大，若在佛門來看，不如拜〈大悲懺〉。你拜〈大悲懺〉，念一萬聲觀世音菩薩，我看比那還大，轉化的力量還大，但是要眞心、誠心，一點夾雜都沒有。他在度人的時候，救人的時候，他沒有夾雜。沒有私心，沒有第二念。我們求感應，求感的時候爲什麼不應？你打好多妄想。在你念經的時候，念著念著，不行，想到哪裡？拜懺也不知道想到哪裡？念佛心不在佛上，念經心不在經上，拜懺心也不在懺上。應就沒有了。

下一首詩呢？他回來之後就結婚了，結婚之後他睡不著，將來日子怎麼過呀？命中本來就很苦，又來個拖累，還牽個瞎老婆。

問題就難了，況且那個老道給算的，一定得餓死。他心裡就睡不著，焦愁。在這個時候，不是作夢，看他那屋子，從屋的北邊了一個紅光，落到南邊，落到屋子地上。他就嚇了一大跳，很害怕，後來沒事，頭一天晚上如是。第二天晚上照舊，一連有好幾晚上都是這樣子。他就問他的老婆，他說：「我沒有什麼文化水平，妳懂得不懂得，我們屋子鬧鬼。」她說：「鬧什麼鬼？」他說：「因爲妳瞎，看不見。每天晚上過了十二點半子時這個時候，屋子就出來一道紅光就落到南邊。」他太太說：「不是鬧鬼，是鬧財。」他說：「鬧什麼財，妳窮瘋了，現在窮的這樣子，還鬧財。」

她說：「我這裡有個金釵。」她是富家的女兒，她別頭髮的那個金釵。她說：「你看那個紅光落的地方，你把它叉到那裡，要是有金銀財寶跑不了。明天你試試看。」他聽他太太的話，等紅光又落到北邊去了，他就叉上了。第二天，他就把地的浮土刨開，一看，有兩個的袋子，一個裝的金元寶，一個裝的銀元寶，金元寶比銀元寶還多。這就是：「一縷紅光奔正南，揭開石板仔細看，四六黃白整一千。」六百錠金元寶，四百錠銀元寶，共有一千錠元寶，這樣他就大富了。他想：「這件事，只有我一個知道，算卦的事，連我老婆都不知道，我沒有跟任何人說過，這位窮和尚給我寫出來，一定是聖人。」

他就請濟公吃飯。吃飯的時候，他說：「師父，你怎麼知道我的事？」

濟公說：「這很簡單，你做好事，人家都知道。」王太和就開始修萬人橋了。濟公又說：「不但這個，你老婆的病也能治。」他說：「師父，能治啊？」「能治啊，我是醫生，我給你一丸藥。」濟公總也不洗澡，從他身上一搓就是泥球，他把泥球搓了，說：「拿去吃吧，吃了就好。」這是精神治療，這也是「性空緣起」。這是因爲他做的好事，緣起。但是因爲空，濟顚和尚他是證得空性，他不但是大阿羅漢，而是發大菩提心，遊戲人間。

王太和看見他這麼一搓就來了，他說：「師父，你這神通很大，這個藥叫什麼名字？」「伸腿瞪眼丸。」王太和說：「一伸腿一瞪眼，不就完了嗎？」濟公說：「是完了。」「這還能吃？」濟公說：「不是，你解釋錯了，一伸腿一瞪眼，病就好了，眼睛就睜開了。」王太和因爲看他寫的那首詩，就很相信他，拿回去給他太太吃；他太太一吃，眼睛就睜開了。

這是這樣的一個因果。假使沒有萬緣橋壞的因緣，沒有廟的因緣，王太和又怎麼能遇到道濟禪師？如果沒遇到道濟禪師，他以前打僧罵道的因果，將來沒有辦法揹！把他的那點善根早折完了，這就叫因緣，這叫「緣起」。

從性空到緣起

「緣起」是這樣講的，大家知道吧？但作好事，莫問前程！一夾雜第二念，不靈了，好事就打折扣了。因此必須得誠誠懇懇，你的願望才能達到。爲什麼能達到呢？性空故。這個問題是從「性空」，是從他的本性發起善心所，所作的善業，把他的惡果轉化了。如果不能轉化，我們學佛做什麼？有感應的，知道「緣起性空」的道理，他的眞實目的，別在名相上，別在文字上，不要用佛教術語去求。在這裡講故事，是讓大家體會深義的。

濟公是專門開玩笑，瘋癲濟世，裝瘋賣傻，以酒度人。看他喝酒吃狗肉，那是假的。眞的是什麼呢？借這個度人，說眞人不現相，現相的都不是眞人。像我這個和尚，裝模做樣的，穿的很好，坐高高的座，你們在底下聽，不靈。你看見那個很苦的，住山住洞的，別瞧不起他，他才有眞本事。

我說這個濟公的因緣，是勸大家認識「緣起」，知道一切法因緣生，一切法也是因緣滅。因為在空義當中，以你學佛所求得的般若智慧，般若智慧就是你一切事物，看破放下。「緣起」都是無常的、是苦的，是空的，是無我的；你這樣去觀，觀完了，用這種智慧，般若智，甚深的般若智，照見五蘊皆空，達到「緣起性空」，再用「性空緣起」成就你的修行。我們所說的一切法，不論講什麼都要結合現實的生活，也就是社會上所說的「學以致用」。

大家知道我們學佛法是讓你用，用什麼呢？用到你斷煩惱，究竟說來，斷煩惱證菩提。在人生過程當中，你會經過很多的曲折，會有很多的苦難。不論多富有、多貧窮、多尊貴，國王，一國的統治者，老死你辦不到，生病你也辦不到。醫生只能治病，他不能治你的命，業障病，什麼醫生也治不了。無論什麼人，你若把這個認識清楚了，學佛就引發你的自性本體，那個就是「性空」。

明白「性空」了，你會證得般若的智慧，但是這不是一天兩天的，得經過好多的修煉；或者依著念佛也可以，修觀也可以，讀誦大乘也可以，拜懺也可以。八萬四千法門，條條道路通向消災免難、證菩提，都能達到這個目的。但是在這個過程當中，你會生起障礙。當你沒發心的時候，沒信佛的時候，障緣好像少一點。等你一發心，一學佛了，無數無窮的障礙出來了。

好多道友不理解這個問題，好像沒出家的時候，貪瞋癡還少一點，出了家之後煩惱特別重。我們經常說，業障發現，什麼原因呢？或者是偏於一念，修福了，沒有修慧；或者修慧了，沒有修福。佛教導我們是福慧雙修。這是說修的，當業障來了，福也不能修了、慧也不能修了，還生出一種抱怨。

爲什麼說從信佛那天起，要經過萬萬億萬萬萬年？爲什麼要經過這麼長的時間？本來不要的，因爲你在修行過程當中，生生世世輪轉當中，反反覆覆。今天作了善，或者這輩子我盡作善事了，換一個輩子，他忘了，他就不作善事。

前面跟大家講過兩頭毛驢的故事，今生轉了，出了家了，該作好事；在那個基礎上，再進步就解脫了。他們不了，他造業去了，說窮得富不得，富得要不得。我們修道的人，不應認爲自己沒有錢，幸虧沒有錢，你沒錢才能修道。你受痛苦嗎？逼迫你嗎？你才向道啊，那要佛菩薩加持我，你才生起來好心眼。如果你有錢，又有地位，有權有勢，該作壞事了。人說，一朝權在手，掌握權了，什麼壞事都作。

「緣起性空」，反反覆覆，你不能很快地達到「性空」，就在「緣起」裡打轉轉。這個緣起完了，那個緣起又來了，那個緣起完了，那個緣起又來了。應當讓善的緣起連綿不斷，消滅惡的緣起。佛教導我們，「諸惡莫作，眾善奉行。」這不是一句話，我們作不到啊！一兩件善事，可以作吧，作一兩件善事，就保住你那個「性空」，不把它填滿了，讓它空一空，你漸漸就多作了。古來人說：「積善之家，必有餘慶。」這不是佛教的話，而是儒家的話。造殃的呢？必有餘惡。這是相對的。你看看那個作惡的，不管現生多富貴，看看他的後代子孫，再看看他怎麼死的，還不說他來生。善惡的因果，不是我們腦子裡那個智慧所能了解的。

大家知道南宋的秦檜、岳飛。我們都說岳飛是好人，秦檜是最壞的壞人。是不是秦檜把岳飛害死的呢？大家都認爲是秦檜吧？實際上是宋高宗。這是政治鬥爭，岳飛一心要把徽欽二宗請回來，把他們請回來，那宋高宗要幹什麼？岳飛不打這個口號，他死不了。秦檜無非是應他主子的希望，幫助主子做一件事嗎！宋高宗是眞正的罪人，應當讓宋高宗跪到那裡去。好多歷史，我們看的都是現相。你看的只是緣起，沒有看他的本質。所有的歷史不要看它的一時，要看它的永久。看它的緣起，看以後的果如何，不是一生兩生。

大家拜〈三昧水懺〉都知道，經過上千年的時間，晁錯把袁盎找上了，〈三昧水懺〉就是這麼來的；迦諾迦尊者給他們解了寃，這是〈三昧水懺〉的緣起，「假使百千劫，所作業不亡，因緣會遇時，果報還自受。」

我們現相的惡，身三殺、盜、婬，口四妄言、綺語、兩舌、惡口，意三貪、瞋、癡，這是十惡。還有個無形無相的，是你那個妄想心，起心動念，一舉一念，你身邊有兩個護法神；不是護法神，而是記錄神。你作一件惡事，惡神給你記上，作善事，善神給你記上，你自己怎麼作他不管，他沒有力量。所以說善惡到頭總有報，爲什麼報的那麼靈呢？不是在已經造成的事實上，而是從起心動念，你去用功夫。修行，大家信了佛，佛弟子，修行嗎？在什麼地方下手？明心見性，從你的心下手。除了其他的方便法，你就直截了當，覺得心眼起個壞心眼，馬上制止，不讓它再增長，絕不讓它起現行。如果一起現行，就造業了。

你能夠前念起惡，後念止住了，讓它不起，「覺知前念起惡，覺知後念不起」，你就進入菩薩，成了有信心的菩薩。相信因果，相信佛的教授，相信佛的教法，這樣使你的心逐漸趣入「性空」，一達到「性空」，一切都自在。「性空」並不是泯滅一切法，而是成就一切法的緣起。因爲空故，我們才能建立！你要這樣的來理解，不要把他看成很深的，你要是看成很深的，依著大乘教義裡來講，這麼一分析，不是你們副業所能做到的。

諸位道友，你們在家的優婆塞優婆夷，你們信佛的事業，都是副業！不是像出家的比丘比丘尼，這是專業。專業和副業，有的時候，副業的很成就，專業的反倒沒有成就。什麼原因呢？就是念頭的念。

人家說：「和尚安口鍋，跟在家差不多。」看你怎麼想？怎麼用心？

昨天我們正在講「觀」，後面那個電就啪一下子，打個大雷，告訴我們要觀。觀就是思惟修，反覆的照顧你那思想，千萬別走錯路。一定要走菩提道，方向錯了，馬上扭轉過來。所以你應當注意的，念念住。如果業報來了，因果來了，受苦受難來了，高高興興的承擔。承擔就是領受，怎麼樣高興的起來嗎？你說，「我欠人家的債，現在來了，人家收債來了，我還他吧！」債還完了，多輕鬆，就是這樣高高興興的。業果過去了，過去就放下了，該幹什麼好好幹吧。來了承當，過去了放下。我們最大的缺點，事情過去了，不行，把它拉回來，那個事，我不該怎麼做，我要是那麼做就對了，可惜沒有那麼做。

那已經過去，你後悔也悔之晚矣。能拉的回來嗎？拉不回來了。過去就放下，過去就過去，明天，明天還沒來，管它做什麼？昨天，昨天已經過去了，跟你沒有關係。今天，一個鐘頭一個鐘頭過去了，等會兒六點半，我們一下課，你走你的，我走我的。不是完了嗎？

我們很多問題，觀的力量不夠，來了不承當，過去了放不下，來了想逃避，逃避得了嗎？有些人間的事你可以用手段、用金錢、用權勢，逃避一下；業果來了，那害病，害癌症，你怎麼逃避？多高明的醫生，他治的是病，他治不了你的命。他治不了業果，一來了，你認識他了；我們學佛者，佛弟子，認識到了，沒有恐怖的，不要生恐怖感，心裡不罣礙，有罣礙你才恐怖。

《心經》讀過吧？都會背吧？無罣礙故，無有恐怖！有罣礙，罣礙什麼，什麼就把你纏住，你就解脫不了。無罣礙就不恐怖了，什麼都不怕。怕鬼，哪地方鬧鬼，本來沒的鬼，你心裡有鬼。人家一說，你那鬼就來了，左一個鬼，右一個鬼，無量的鬼，心裡有鬼。但是也不能否定鬼世界，鬼確實有鬼世界，佛說六道輪迴，鬼比人多。你們可懷疑了，怎麼人死變了鬼，鬼怎麼會比人多？你只曉得人，不曉得畜生。你那寵物，小貓小狗，牠死了恢復原狀，變成鬼，回到六道。到了畜生道，你看著牠是畜生，牠一死之後，不是畜生，而是鬼，牠再投生哪一道，不一定了，不一定還變畜生。你從地獄道出來的，把地獄罪受滿了，恢復到人道。餓鬼畜生，那個死了，就變鬼了。知道鬼還變鬼，鬼中鬼，鬼死了又變鬼了，那個鬼跟這個鬼又不同了，跟鬼道的鬼又不同了。鬼也會死，壽命也會盡，畜生壽命也會盡。地獄刑滿了，他又轉換了，業果轉換。

要這樣的認識六道，你才清楚。因爲你無罣礙，自己都是假的，四大假合的，鬼沒有四大假合，鬼只有一個識跟靈氣而已，他沒有肉體，你怕他做什麼？或者感覺冷，打寒顫，因爲他的陰氣特盛。這些，你一定要懂得，你明白就無罣礙，無罣礙就不怕了。

我不是隨便跟大家說的，我是這樣做過的。大家想想，在中國大陸坐三十三年監獄，那個罪過很不好受。還不說另外的受刑，就是在裡頭關你三十三年，你試試看。這對我來說，我得了好處，沒有那三十三年，我現在可能坐這兒跟大家講不成。放我出來的時候，已經六十九歲，三十六歲進去，六十九歲出來，這要承當。現在，放下了，我絕不想自己還回去。假使要把我還抓回去怎麼辦？還是承當。再抓回去再受，活著受總比死了受強。活著受比死了受強，大家想想我說的這句話，活著受罪比死了受罪還強，什麼原因？這個大家想想看。

大家想想看，一切諸法無常！「因緣所生法，我說即是空，亦名中道義，亦名爲假名。」一切諸法也是「性空」，這就是中道義。一切諸法是假名，假相，光有個名，沒有實在的。名字是假的，標籤而已，我們這名字都是假的，應作如是觀。

緣起性空與修行

諸位道友吉祥！現在我們這個法會很殊勝。新發意的菩薩，髮都落了，出家沒有短期、長期，因爲我們生生世世都是這樣輪迴的。今生這個分段身捨了之後，來生是不是還能出家當比丘還不一定。現在我們計劃短期出家十天。「十」這個數字，在《華嚴經》上是圓滿的，可以把它看成無量億劫，普賢菩薩十大願王，「一者數之始，十者數之終」，無窮無盡的。我祝你們這些新發意的比丘，能夠在這十天作清淨的比丘。

現在我們繼續解釋「緣起性空」，佛說一切法的要義就是「緣起性空」。你們的大法師給我出這麼個題，讓我跟大家談一談。這個問題非常廣泛，我不曉得從哪裡談起。「性空緣起，緣起性空」，它是遍攝一切教義的。四教講「性空緣起」，五教講「性空緣起」，法性宗講「性空緣起」，法相宗也講「性空緣起」，包括一切諸佛教理。前面說我們諸位道友，不是專業，就是專業的，也得住佛學院，專門學教理。如果是學禪宗的，或者念佛的師父，他們不管這些，不分別名相，不分別教義。

「緣起」，這有好多種「緣起」，「業感緣起」、「賴耶緣起」、「眞如緣起」、「法界緣起」、「一心緣起」等等。現在跟大家簡單的講一講。

我們前面講的故事就是「緣起」，爲什麼「緣起」能有這麼大的力量？學佛，佛所教導的一切教義，跟生活分開了就沒有意義，無論是多深的法、多淺的法。如果不能跟日常生活結合到一起，你學他有什麼用處！這法，深也好，淺也好，能運用到你生活當中，能使你的生活養成這麼一個習慣；按照佛所教導的去做，這就「緣起」了；依著佛所教導的去做，你一修行，就「性空」了。「性空」了就是明理了，因爲在理上無障礙。

我們經常講理，在世間上講道理，心裡不平了，到法院打官司也是講理。法官依著這個國家的法律道理跟你講，他就不跟你講人情的道理。我們日常生活之中誰會跟誰吵個架，凡是爭執的時候，兩個在道理上是不通的，你講你的道理，我講我的道理，你認爲你的對，我認爲我的對，這個道理都不對的。

現在我們講「緣起性空」，「性空」這個理就是心理，心理不是我們現在這個妄心所知道的心理，而是說你的性。凡是說到性，就是種子義，性能生長一切。這個性也不是我們現在這個性，而是我們的眞心。我們要把一切緣起，歸納為「一心緣起」，就是當你起心動念想一件事，這件事你看他合理不合理，符合情理，這是倫理。至於法律的法理，你在這個國家住就得遵守這個國家的法制，你到那個國家，就得尊重那個國家的法理；不然你就違法，主法人要制裁你。到哪個國家，你先要懂得一點那個國家的法律，你才不會犯法，這叫法理。

但是在我們佛教講的是性理，這個性理就是佛理。「佛」，印度話是「佛陀耶」，翻成華言是「覺悟」、「覺明」，你覺了，你明白了，就是佛了。你沒明白就不是佛。這個就叫佛理，佛理就是你的心理。你的心現在已經迷失掉了，所用的是妄想，不是眞理。我們所說的眞理只有證到佛的覺位了才是眞理。阿羅漢證得一半，他的空理只空了半邊，自己了生死，不能幫助別人了生死。「性空緣起」的大意就是這樣的。

現在根據這個講講我們的修行，懂得「緣起性空」的道理了，我們怎麼樣修行？我們學佛就是要做。去做，怎麼樣去做？從你受了三皈五戒開始。受了三皈你就從三皈上做起，今天我們講到緣起性空義，把三皈也會歸於「緣起性空」，不是專講三皈，是講「緣起性空」。我們講「緣起性空」，最重要的一個現相，就是現前境界相。一切緣起的現相，同我們所學的佛法，我們用佛法修行，這個現相跟修行有什麼關係？我們是修現相呢？還是修心呢？現相是事。舉一個例子，我們上街買東西，這是現相，買東西有時候討價還價，回來發現被騙了，心裡不服氣，要找他，這就是現相。

學佛的人被他騙了，或者認爲我前生騙過他，「算了！」我們一般的佛教徒都是這個心理；我們認爲這種很對的了，實際上不對，爲什麼不對？他騙了你，你原諒他，你把他觀想成過去生的果。他又騙第二個人，騙第三個人，他一直騙下去，那怎麼辦呢？你用不著跟他爭吵，去跟他講清楚，說你這個騙人的生意，掙不到錢的，掙到錢也不能持久。

佛理就喻在其中的，不跟他起爭執，也不讓他賠償，那道理一定跟他說清楚。這叫你學菩薩道，這叫說法度人。要不然你還跟人講一套，佛所教的，在《阿含經》怎麼說的，《大方廣佛華嚴經》怎樣說的，這才叫宣揚佛法。錯了，這樣你宣揚不通，誰聽你說教？你把日常生活的事，含著佛所教導的道理在裡面，這就叫佛法，就是使他覺悟了，使他明白了，這是覺悟的方法，實際修行的法。那你日常的生活，所有外邊的境界相、一切現相，都是你的修行。

我們一般感覺說，沒有時間修行，我要上班、打工，或者是家庭的主婦，一天照顧孩子，要作飯，要整理家務。你就是把佛法跟你所作的事，截然劃分開了，你當然就沒有時間修行。那麼我們想到的，非得到廟上磕頭，或者是給師父磕頭，現在我來了，大家有時給個紅包，這叫佛法嗎？這不是的，作人情味了，這是人情。我要是不這麼作，師父不喜歡。不會的，這麼作了，你是怎麼想的？至誠懇切的恭敬心。你供養一分錢，功德無量的。如果你不是這種心，照例裝上十塊錢給師父。在裝紅包的時候，思想還有分別的，「這是老法師，我得給他十塊錢，跟老法師來那小法師，包一塊錢就可以了！」有很多分別心哪！那樣功德不大，不在物質的多少，而是在你的心誠。

這都是由你的心生起，這就是「緣起」。你這樣作，心裡空不了，「緣起」是起了，不能「性空」。這樣修行達不到「性空」，怎麼樣呢？心誠才靈。有個供養心，供養三寶，種福德，我的心是平等的，是尊敬的，是至誠的。經常說「心誠則靈」，我們在供養時經常生起分別，不但你們生起分別，寺廟裡的師父也生起分別。

佛在世的時候，有這樣一個因緣，一位討飯的乞丐貧女，她撿了一文錢，這文錢是金錢，她就想：「爲什麼人家那麼富有？我這麼窮？因爲我前生沒有布施，沒有供養。今天就拿這一文錢全部供養，供養什麼？買別的，我買不起！」她到油鋪裡，買了一文金錢的油，賣油的老闆瞅瞅她：「我看妳這麼困難，妳這一文金錢很不容易，若拿它過日子生活，一個月都夠了，妳買這麼多油幹什麼？妳得買點米，妳只買油不能吃飯了。」她說：「不是這樣意思，我買油不是我吃。」「那妳買這麼多油幹什麼？」她說：「我去供佛。」

這位老闆就很感動了：「妳供佛呀！」她說：「是呀！我多生累劫沒有供過佛，所以才沒有福報，人家都富有，我很窮。」老闆說：「妳打油，得拿個瓶來裝，或拿個罐來盛油。」她說：「我沒有，我就撿了這麼一文錢。」老闆就給找了一個大的罐子。老闆說：「妳這一文錢買不了這麼一罐子油，除了妳供的，剩下是我的，我隨喜也發心供。」那時候的佛燈很大，常明燈，貧女把這罐油倒到佛前供佛的燈裡，就走了。

第二天早晨，目犍連尊者當班。那時佛的弟子，每個人都輪當值，誰當香燈，今天早晨該到目犍連，目犍連就滅燈，別的燈都滅了，可是這盞燈怎麼滅也滅不了。目犍連是有大神通的，他用他的神通力滅燈，越滅火越亮，光明越大。這個時候佛就出來了，佛跟他說：「這個燈是竭盡施所供養的，阿羅漢的神通滅不了，以你的神通是滅不了的。」那天也趕上波斯匿王供養燈，那些燈一滅就滅了。

什麼原因呢？布施的時候，是以你的意識來決定功德大小。她那個撿來的一文錢是她全部的財產，她把她的全部財產施掉了，波斯匿王則是拉幾大車來都無所謂。

這就叫「緣起」，一切法的緣起是從你的心來定。日常的生活，別作生活想，就作你的修行道場。並不是到我們這個殿裡頭，磕頭禮拜誦經，入了道場，入了大殿，就是你的家，哪管是在床上，觀世音紙像，你擱到哪了，念〈普門品〉，也是你的道場，只有那個條件，只有那麼個環境。

但是，修的是你的心，修的是你的「性空」，把性修空了，隨一切緣起法的「緣起」。因爲這樣，大家在修行的時候，要特別地注意。注意什麼呢？你注意現在的，今天是今天的現相，明天是明天的現相。你的修行就隨著是什麼現相，就是你修行的觀想。對境生心嗎！隨著什麼環境，隨著他什麼現相來轉。這就是隨著你所有的修法，隨著它來修。如果你把一天當中的現相跟你的修行，兩者分開了，你在禮佛拜佛念經的時候，作用不大了，因爲你不能結合你的生活；若是跟你的日常生活結合起來，你的功德就大了。如果我們師父們要修行，像穿袍搭衣了，或者坐那個地方，禮拜完了念經，燒燒香上上供了，這叫「前方便」。

那個時候修行所觀想的，有事就對事，無事就對理。和尚在殿裡，就是這個現相。這也是我們的現相，我們一天對著佛菩薩，不是念經，就是拜懺。當然我們這個是殊勝了。我說的那種現相，恐怕一時你修不好的，但是你必須不離開現相，和你的本質結合起來。那叫「隨緣」跟「性空」結合起來。

根據這個道理，你在作任何事情，千萬不可假以一時的勉強。所謂一時的勉強，就是這件事情你作不到，偏要去作，你找著倒楣！你作不到的事，不要勉強。要隨緣，隨緣就是緣起。等你轉化了，作得到了，力量就更大了。所以修行的時候，不要離開現相。如果離開現相，修行的功德就不太大，作用也就不太大了。所以說，生活跟修行兩者不要分離。

我們經常是怎樣呢？把我們的生活跟修行分開，成爲兩條跑道。在一個水平線上是兩個跑道，各是各的，一般人是這樣。諸位道友想想看，你認為到廟裡，今天是初一十五，去拜佛了，我修行了，作好事了；而日常在家裡頭，煮飯、洗衣服，乃至洗碗，認為這個跟禮佛拜懺，跟到廟裡燒香磕頭不一樣，是不是這樣分開？各位道友，你回去想想，我說的對不對？你就是等於是把它們定成是兩個跑道，兩條地平線，各不相干。生活不是修行，修行不是生活。

若是這樣去學佛法，轉化不大。特別是中國禪宗的修行，大家在禪宗看過也聽說過，特別是密宗的修行，大家一聽密宗灌頂，神了。很簡單的，沒有神的，比如說，念：「嗡阿吽。嗡阿吽。嗡阿吽。嗡阿吽。」什麼意思？不知道！你也不用知道，誠誠懇懇的念：「嗡阿吽。嗡阿吽。」什麼意思呢？「嗡」是身，「阿」是口，「吽」是意，也就是身口意，說我一天念身口意，幹什麼呢？密就密在這點。轉諸佛的身口意成為我的身口意，我的身口意變成諸佛的身口意，阿彌陀佛的身口意，釋迦牟尼佛的身口意，藥師琉璃光如來的身口意，就是我的身口意，十方一切諸佛的身口意，就是我現前這一念的身口意。這就不可思議，十方諸佛在那裡說法功德，都有你的分。

「嗡嘛呢叭彌吽」，大家都會念的，這是什麼意思？你也不知道是什麼意思，翻成華言「白蓮花」，一天念「白蓮花！白蓮花！」念它作什麼？這是顯，還有密，那才叫密，密是什麼呢？蓮花出污泥而不染，蓮花都長在污泥裡頭，說你在娑婆世界、污染世界裡頭，你可以像蓮花那樣清潔，你就是佛，這是說你的法性，而這污染的蓮花就是「緣起」。這叫密宗的意思，你得知道它的道理。爲什麼不讓你知道？一知道，你修的功力就不強了，越是不知道的，這個法可奇了，一時就能成佛，你就信了，我一定學這個法。又說那個法，更靈，比觀世音菩薩靈多了，把觀世音菩薩就擱下了，就去學那個法。

其實是平等平等，沒有什麼特別的。他說他是密，密了你就求了，就念了。當你知道了，知道你有了力量，天天轉你的身口意變成諸佛的身口意，天天在娑婆世界，這個污染世界是貪瞋癡煩惱很盛的地方，你則是清涼的，在煩惱不沾煩惱。處社會，處一切緣起現相當中，我隨緣了，人家作什麼我作什麼？

大家都知道，六祖大師開了大悟，接了祖師位，五祖把衣鉢傳給他。爲了爭這個祖位，有人想要殺害他，那他就躲起來跟徒匪在一塊。在徒匪裡頭，他不是徒匪，而是清淨的，他那時還修道。這個例子，歷史上祖師還很多，不是只有六祖。

前面跟大家講，對和尚千萬不要生起分別心，你不知道哪個和尚有什麼本事，他不會現相的。觀世音菩薩、文殊師利菩薩，那些大菩薩都現相，現相清淨無染，那我們小和尚吃什麼？大家都去供養他們，誰還供養我們。所以你要生起平等心，這樣來理解問題，所以那些大菩薩示現度眾生，示現種種的劣相，你不要看。

我們作什麼事，經常說「隨緣！隨緣！」就是遇著什麼境界相，遇著什麼現相，你就隨緣，因爲你所作的業，跟他作的相等，所以就隨緣去作。但是你的內心是「性空」。要這樣理解「性空緣起」，這是把佛教的術語，用通俗的話來說，讓大家能懂得的，能夠作到的，能夠理解的。

要知道，因爲這樣理解了，我們現前的肉體，是隨緣的。大家知道肉體的尊貴嗎？沒有這個肉體，你怎麼能夠聞法？怎麼能修道？因爲它是可貴的，借著它，把過去的煩惱斷了，把過去的業障消失了，所以它是很尊貴的。要是有這種觀念，你遇著什麼困難，絕對沒有自殺的想法，絕不會到了走投無路，該了斷了，不會的。人身難得，佛法難聞。人身難得，你得到了，佛法難聞，你聞到了。

雖然肉體很尊貴的，同時還存在不尊貴的那一面，不尊貴的一面是什麼呢？苦、無常。那些自殺的，走投無路的，煩惱究竟解脫不了的，他們沒有把肉體看成尊貴，想到的只是苦。每一個事物都是相對的，都是兩面性的。我們自己對自己的貪瞋癡疑，就把自己的身體糟蹋了，很尊貴的東西，你拿來用的時候，很不值錢，就隨便把它浪費掉了。

所以，要懂得肉體的兩面，一方面雖然也很尊貴，但是另一方面也受苦。知道肉體是無常的，一定要失掉的。失掉這個分段身，下一個是不是再能來，再能變人，再能聞法，不一定了，這個沒有保障了。

所以，佛說的一失人身萬劫不復，得人身就像指甲蓋裡的泥土，失人身就像大地土，得到人身能聽到佛法更是難上加難；就像一隻瞎烏龜，在海裡碰見一塊木頭，那個木頭就有那麼一個洞，瞎烏龜得什麼年頭才能在大海裡碰見木頭，又從那個洞裡鑽出去？很難。

得一次人身，也是這樣子，要把人身看成很尊貴的。得了人身又不能聞到佛法，聞法更難啊！諸位道友認爲，我聽人家講佛法，自己也沒有成就，什麼也沒有得到！其實這個善根已經種下去，這叫「緣起」的種子義，一定會發芽，一定會成長，這叫「緣起」，你一定也能達到「性空」。

這個道理很簡單，但是能眞正懂得，眞正能運用起來，就很不容易。在有用之年，把你的心用到日常生活之中的眞性，是「性空」；就在這裡修行，念一句阿彌陀佛也好，念咒也好，想問題也好，就在生活中轉化。

我剛才說這一面，現在還講另一面，如果在家裡是家庭主婦，當家庭主婦的時候，洗碗刷盤子，做飯洗衣服，這怎麼算修行呢？我說的不是事，而是妳的心。妳怎麼修行呢？妳別認爲洗衣服做飯是給父母，或者先生，或者子女，是給他們做飯的，這樣妳就沒有修行，這不叫修行。我說妳的修行，妳做這個事是利益眾生，包括父母、先生都是眾生，把他們看成平等平等，都是眾生；利益他們，也就包括一切眾生。洗衣服，讓他們無染無垢，別作煩惱事，別作罪惡事，千萬別作惡。一邊洗著一邊發願，他穿了自己洗的衣服，一定身心清淨，內外光潔，不但衣服乾淨了，心裡也乾淨了。吃飯，長養法身，妳給他飲食，讓他長養法身，別只管長養肉體，不發達腦筋，那跟畜生無異，跟畜生有什麼差別？畜生只發達肌肉、不發達腦筋，我們人類只發達腦筋、不發達肌肉，胖了還想減肥，發愁，你不是要減嗎？你為什麼胖的嗎？少吃點就不胖了。

我們出家人，有時吃的少，有時過午不食，知道是什麼涵義？像和尚兩三點鐘起來念經，這是有道理的，這是密義；哪去找密，這都含有密義。有一半是密義，有一半你看得很明顯，諸佛祖師做的都有一定意義的。

這樣子，你做的俗事，做任何事，「緣起」就是這樣；但是，在你心裡，用智慧心轉化，它就不一樣，完全變了。業能轉不能轉呢？這是轉業的方式，你心裡轉了業就轉了，業由心生。

有位道友跟我講，另一位道友他在後面開車，那天突然看見前面有一個人高大的不得了，他在車裡就害怕了。那個人就把兩部車往一起拉，砰，撞上了，他在後面看得眞眞的，把他嚇到了，這是一件。

又一次，也是他，他看見兩個人，一個人推一個人，正走那快速車道，一下撞上了。看到的是兩個人，怎麼只有一個人壓死了？這也是社會的現相，大家想到了嗎？冤家路窄，過去自己所作的惡業成熟了，人家報復了，找上你來了，躲也躲不脫。

我們有些道友念經會害怕，一念經身上發冷，或者發熱。特別是念《地藏經》，好像有好多影子幌來幌去，他就怕了，不敢念了，再不念了。你怕什麼呢？太好了！念這部經相應了，念的相當有功力，人家來聞法，求你消災來了，你反倒怕起來，不念了；那你心裡有罣礙了，有罣礙了，就有恐怖，沒罣礙就沒有恐怖，你照樣念你的經。讓人家聽，那你不念了。

我說這幾件事，都是「緣起」。爲什麼這位道友他能看得見？警告他，業不可造，你造了業，一定還報，肉眼看不見。

爲什麼他會出車禍？我有一次在廣東東莞，有一位弟子請我到他們那裡，給他們開示；第二天早上送我到飛機場，我們坐在汽車裡看見。那個小孩子大概只有十七八歲，他騎輛自行車，你照著正規道路走你的，後面車子不會往你身上撞的，這是我親眼看見的。他突然把車子一拐，後面就撞上了。看見那腦殼流血，就在那一瞬之間，我們的汽車從那過就看見了，爲什麼？在業難逃，業報來了，你想跑也跑不了。肉眼是看不見的，心裡也不懂是怎麼回事，不是無緣無故的。

有的道友曾經這樣問我，淮海戰役、陝甘寧戰役、世界著名的戰役，雙方都是上百萬人打啊！難道死的這些人，都該在這同一時間死嗎？大家想想看，像我們平常死一個人很不容易。這一個人死了，又給他開追悼會，轟轟烈烈的。像淮海戰役，那些慈善機構，沒有辦法清理屍體，怎麼辦？井字形的往外堆，堆很高，倒上汽油，周圍撒上六六粉消毒，就這麼燒毀。誰還給你清！死的是誰，張三李四，給你做紀念啊！也許有一兩個，那必須是將領，有名望的，才把他的屍體找出來。

像中日戰爭，有位張自忠，很有名的將領。戰死的時候，他的屍體沒有了，他的六親眷屬朋友，把當時那個地方的土，捧了一堆土裝到棺材裡，運到重慶，蔣介石還親自到碼頭去接。

原子彈炸毀的那些人，還有了嗎？在這些緣起法當中，你怎麼觀？這是業。空的，業是怎麼來的？眾生造的，這裡有共業、有別業，在共業當中，這些人同時造業，同時受報，在另一個環境，他又同時造業，同時受報。你不要想不通，如果明白無量劫來的因果報應，什麼都是平等平等的，自作業，自己作自己受，有什麼不平等的，你抱怨誰？

自己作自己受，有什麼不平等的，這是因爲你看見的少。我以前在青島住，青島有一個姓李的，我們叫他李居士，在青島的時候叫惡人，後來到廣東去了，才叫李老居士，李善人。德國人，在青島開個屠宰廠，全是先進的，都是電器化的；那業也就大了，一天能處理上千隻牛，把那牛一搖進去，閘門一關，皮是皮，肉是肉，骨頭是骨頭，皮不要，骨頭不要，光把肉運回德國，拿船就上輪船了，冷凍起來，這樣子很發財的。不知道什麼原因，德國國內，把這位德國人調回去，這個德國人沒有寄託，就把這個工廠臨時叫他代管。代管起來，那位德國人一直沒有回來，那就成了他的。窮人富不得，富了就要不得，就造業了；錢一多了，就忘了他姓什麼，什麼壞事都做。後來山東人就暗殺他，暗殺沒殺成，他勾結官府，你告他是告不倒的。暗殺一兩次，他感覺青島是不能待，他感覺自己做的事也太缺德了。

從青島逃跑到廣東，到了廣州，當然不會再開屠宰業，他買幾條船，作跑船的生意。這回，他改變他的青島作風，只要人家求到他，找他幫忙，或者求他錢，盡心盡力幫助人家，廣東人就叫他李善人。在青島，那邊人就罵：這麼壞的人，讓他跑脫了。

後來他在青島的業先成熟，他有一次檢查船，不曉得怎麼就滑到船下邊，兩條船這麼一過，把他挫個粉身碎骨，屍體沒有了，那水冒了一通紅。廣東人對於做好事的，就生起了謗毀，看這李善人，這麼作好事，却遭這麼個報，連屍體都沒有了，老天太不公平了。青島人也罵他，老天哪太不公平了，這麼壞的人讓他逃脫了。他們不知道前因後果，如果把前因後果拉到一塊，那就平等。

我經常拿這個故事講，因爲他在青島我也熟悉，他在廣東我也知道。這件事就是，這個因造下去，果先熟了；後來這個善因果，沒有熟，等那個果又熟了，你又可以轉化又好了。這就叫因果報應，因果報應就說明了什麼問題呢？一切諸法的緣起，「緣起」必須有一個因，有因還得有緣成就！孤因是不生的，獨緣也不長的，因緣和合才生起。所以你在修行的時候，這些在性體上是沒有的，但在事上絕對有的。你一天作什麼事，都有果，有因必有果，懂得這個道理又懂得性空緣起。

在修行當中，我說這麼多話，是希望大家在日常生活當中，多多修行，把你所作的事情變了，這叫什麼呢？質變。這個事情在質上生起變化，心裡變化，是你主導思想變化。在《華嚴經》〈淨行品〉，智首菩薩請問文殊師利菩薩，眾生行菩薩道的時候，怎麼樣能開悟？怎麼樣得解脫？怎麼樣得大福德？智首菩薩問一百一十個問題，文殊菩薩答覆他一百四十一願，大家看〈淨行品〉就知道。好比你作飯，一燒火，當願眾生，都能得法食，一切圓滿。隨你自己編一個，不一定照經文，那數字太少了。我洗衣服，清除污垢，衣服上都髒了，得還清淨，還了清淨衣。誰披了這件衣，當願眾生披了這件衣，身心清淨，不但洗身體，心裡也清淨。

你的心這樣用心，加被一切眾生，你的心不是修行嗎？〈淨行品〉就是這些事，隨便你作什麼事，可以自己編。編久了，你的智慧大得很，就像講經的時候，我說的這些話，在經上是找不到的。

你若要找老和尚所說的，出自哪部經？哪部經都有，在理上都有；你要找事，一件也沒有，哪有？就是讓你把你所學的法，用你的智慧，用你的識轉化。你學了那部經，念了那部經，〈普賢行願品〉也是這樣，〈普門品〉也是這樣。你得把它融會了，融會之後，〈普門品〉，「降雹澍大雨」的時候，你念觀世音菩薩，大雨就停了。有這個事嗎？你有這個力量，走在街上，也沒有打傘，突然下起大雨來了，「觀世音菩薩，你救救我吧！」大雨了，你一念觀世音菩薩，大雨就停了，你恐怕沒有這個力量，因爲這裡還有很多的過程。

你有修可以，沒有修，沒有這個過程。像過去祖師，在皇帝要殺他的時候，他說了句偈子，「將頭臨白刃，一似斬春風」。拿我這個腦殼，經過那個刀的時候，就像從風中過一樣的，沒有什麼事，「將頭臨白刃，一似斬春風」，他的肉體已經成了虛空。

我們五臺山有一位老和尚，外號叫高妙峰，他的壽命盡了，白無常、黑無常來抓他了，可是到五臺山怎麼找也找不到。白無常、黑無常就問土地公，土地公說：「你們這樣是找不到的，他在定中。」但是他別的都放下了，還有一件罣礙，什麼罣礙？他有一個鉢是皇上給他的。鉢，就是吃飯的飯碗，我們和尚叫「鉢多羅」，翻成華言是「應量器」，但是他沒拿它來吃飯，很心愛這個鉢，反而成為一個罣礙。

兩個小鬼到那一敲他這個鉢，一看，他就在這坐著，拿條鐵鏈子把他鎖起來了。他也很奇怪，「啊，壽命盡了！你們倆怎麼把我拿到的？」「你是假修行，還沒有看空，沒有放下，還愛這個鉢！」他說：「我沒有修行好，跟你們走。要走之前，你把這鉢再給我看一下，我很喜歡它。」小鬼想給他看一下有什麼關係，就把鉢給他看了，他一拿著，啪！往地上一摔，他就沒有了，小鬼一帶上鐵鎖鏈子，空的，沒有了，就聽他說：「要拿老僧高妙峰，除非鐵鎖鎖虛空，若還鎖得虛空去，再拿老僧高妙峰。」

他把他的肉體跟「空」結合了，一切緣起法都變成性空的，體空故相空，相空故用也空，這就是大方廣，是體相用三大，三大依次皆如是。一切諸法都是性空，一切的緣起都變成性空，這是華嚴境界。在這裡，我們不是講《華嚴經》，《華嚴經》所講的「法界緣起」不是這樣，因為那個道理太深，研究個十年八年的再去學，才能入門。大家聽那個，就更遠了。我也比喻不出來，也沒辦法跟大家顯示。

我現在講「緣起性空」也好，講其他的也好，注重在修行；不然你入了佛門，聞到法了，一點好處都沒有得到，空來一場，可惜了你這個寶貴的身體。明白我這個意思嗎？我希望大家都把所聽到的、所念到的，念一句阿彌陀佛也好，念觀世音菩薩也好，念地藏菩薩也好，隨便你修哪一法，就念哪個本尊。

在五臺山都修文殊法，只能聽見大智文殊菩薩，滿山都念大智文殊菩薩。密呢？「嗡阿雜巴扎那的的」，這就是文殊菩薩的密，這是文殊菩薩的心。法門雖然多，看你學哪個，怎麼運用。總的說來，都是由你的心生起，「心生故種種法生，心滅故種種法滅。」你把你這一念心修行好，一切法都修行了。在修道的時候，我們都是懈怠，包括我在內都很懈怠。

我自己感到很懈怠，爲什麼？不能爲法忘身，爲了學法，把身體忘了，我還做不到。因爲我們不知道法的可貴性，不知道現前環境的可貴性，不知道肉體的可貴性。精進不起來，你不知道很快就死亡了，一死亡就不知道到哪去了，隨業轉了。現在你這個肉體存在一天，就把這一天全部利用上，你才能有把握。

儘管我們這裡有好幾百位道友，當死亡眞正來的時候，自己能有把握，我決定到西方極樂世界去，乃至說我今生還不行，先生天吧！生天回來再繼續修。或者說我還來做人，我要利益眾生，繼續要修行，這能由得你做主嗎？有這個把握嗎？是不是念佛就生極樂世界？

現在在大陸上有很多的道友，這個走了，哎呀！走的很好，很安祥，生極樂世界。那個走了，他們幾個幫助念佛，把他送到極樂世界。我說：「你們幾個辦不到。」「加上老和尚你呢？」我說：「加上我也辦不到，得他自己修，才能上生極樂世界。」別人把他送去，阿彌陀佛來接他，這是他自己的感應。如果能感應在他臨終的時候，有一幫道友給他念阿彌陀佛，這已經很不得了了。雖然不能到阿彌陀佛極樂世界的本土，也能到方便疑城，之後，再進入極樂世界。

不管修什麼法，不管怎麼修行，你自己意識到有幾分把握，你感覺到了，無論什麼誘惑，讓我墮落三塗，我不會去的。到臨終的時候，一切的惡鬼神，化現的六親眷屬，現好多境界，領你去。空的，就看你有主見沒有？

例如山東青島市郊的嶗山，大家知道嶗山出神仙。那時候站在嶗山上可以看到大海裡的一個城市，那叫海市蜃樓，曇花一現。學了佛經才知道，那就是乾闥婆城，太陽一出來，一照就沒有了，沒有實質的。

我們這個思想，你是琢磨不到的，不是我們指揮思想，而是思想指揮我們。這個思想是什麼東西？是妄的。你被妄識，被我執我見，被那執著指揮著。指揮你幹什麼？造罪，隨業流轉。隨著你所作業的緣起流轉，流轉到哪去，都不一定。但是，你要想有把握，得從心裡建設，「性空」。對於你的心，你做得了主。如果你能修行做得了主，這是眞正可貴的。現在我們說的好像很簡單，大家還感覺很好笑，但是這是最可貴的。這是所有學佛法最重要的，能使你的思想跟日常生活環境結合到一起，天天在修行，念念在修行，這就是《華嚴經》大菩薩的境界。

我們現在沒有成熟，漸漸這樣做，向那個方向走，一定能走得到的。我們從弘法團，要上光明寺，一定能走到的，要有這個信心。就像從弘法團到光明山一樣，說這麼近，當然容易了，但也不容易，突然來個暴風雨，或者路上塞車，你就走不通。在修行的道路上，經常會出現這類問題。我們修行人，一定要把思想跟現實環境、境界結合在一起。

有的道友問：「老和尚，您說的是根據什麼？」我說的話都是根據佛經，根據佛的教導。什麼經的教導？我可以給你引證。《楞嚴經》！《楞嚴經》用的是文言，心能轉境，外面的境界相，你能轉動了，即同如來，你就是佛。心被境轉，說你的心，被外面環境轉了，那你就是眾生，看你轉的什麼環境。

臺灣有位道友到廈門投資，投了五億，開間現代化的屠宰場，他們家只有這個女孩子，只有她信佛。她的父親要開，她反對也反對不了，沒有人聽她的。

到了廈門，正好我在廈門，她說：「師父，怎麼辦？」我說：「妳想怎麼辦？」她說：「我沒辦法！我們已經投資買了好多機器，買了設備。」我說：「別的辦法沒有，要挽救的辦法，還有一個。」她說：「什麼呢？」我說：「妳在屠宰場裡，修間佛堂。」

她就在屠宰場裡修間佛堂，還特別找兩個人專守佛堂。這兩個人，有一個人跟我講，他在這佛堂裡，看見很多東西。我說那都是信佛沒有修成的，來這裡拜，你要幫助他們，不要使他們動念，這是第一個。

自從有了佛堂，他的生意好像好了。我說，有佛堂生意不見得好，或者有些業障重的來了，他這個場裡出品，全部銷到日本。先有銷路，後來修這個場，跟她父親訂的合同。她父親盡做日本生意，我們這需要多少量的豬肉，他就供養多少量的豬肉，他才投資修這間屠宰廠。這個業就大了，我說你把它轉化一下，凡是進這兒被殺的一定能夠得救，不會再轉豬了。天天迴向，給牠們念。

她有時來的時候，在佛堂修，她不來的時候，回臺北去，就這兩個小姑娘替她的父兄修，這樣能挽救她父兄嗎？對她家的豬可能有所幫助，她的父兄謗三寶、又罵三寶，幫助不大。我說：「妳看看《地藏經》就明白了！」她要是回來一定念《地藏經》。這就是根據外面的境界相，外面的境界相就是這麼個境界相，這麼個環境。她想度她的父兄，辦不到，想不開這個屠宰廠也辦不到。

她怎麼辦？假善巧方便。等受報的時候，就知道了。今年她又到廈門來跟我說，她的爸爸已經受報了。受什麼報呢？不是只有這一個廠，臺灣的屏東還有個大廠，比這個量還高。那廠賠得一蹋糊塗。賠了，把這個屠宰廠都關了，不造業了。

這就是你的心能轉境，別被境轉，這已經集成事實的境。像諸位道友，或者六親眷屬，你的家庭或者是社會。你的力量轉人家，轉不動了，你轉自己的心嗎！你心轉了，完了再去轉別人，幫助別人。你以大慈悲心，但這個力量得好大啊？

另外有個特殊的方法，偏重於「性空」，別偏重於「緣起」。一切諸法都是空的。屠宰廠是空的，一切法都是空的，你觀想空的不存在。不但沒有善也沒有惡，惡是因爲善而有的，善是因爲惡而有的。我們對待念佛，對待妄想，如果妄想沒有了，你還念佛不念佛？自己可以問，自己可以答案。「啊，我拜懺、修行，我有業、我有罪！」罪究竟是什麼樣子？拿不出來也顯示不到，除非害病了，或者身心不安了，你作生意，生意不順當了，你生活當中有很多有許多障礙，你才知道，這叫業障發現。

眞正的業在哪裡呢？你作過去就沒有了。業障就在你心裡頭，因爲你那個根子不除，業障永遠斷不了。因爲你心裡頭，這個那個，這個那個。滿腦子，滿意識地。今生完了，來生又是這樣子。業怎麼會消失！先把你的腦子清理了，清理以後就乾淨了，你怎麼清法呢？把「緣起」搞清楚。說一切境界相不是眞實的，是假的。《金剛經》告訴我們，經常地作這樣觀想，怎麼樣觀呢？「一切有爲法，如夢幻泡影，如露亦如電」，沒有的，不存在的。地獄有沒有？《地藏經》上就說地獄沒有了，但可不是明文這樣說，《地藏經》上從來沒說過地獄沒有，一部《地藏經》盡是地獄。

大家讀過《地藏經》〈地獄名號品〉，普賢菩薩問地藏菩薩，問他地獄名號。當我念這一品的時候，經常有個問號，什麼道理？普賢菩薩說，一切眾生，因爲怕地獄苦才會念佛，是這樣才說的地獄。

我說地獄沒有，也不是事實。你造了業，地獄馬上就有，新加坡國家一定有監獄，也有看守所，都有吧！我們跟它沒緣，對我們來說，不論哪一位道友，它對你說是沒有，在你眼皮底下也沒有，因爲它跟你沒有關係。你經常的觀想，地獄跟你沒有關係。因爲我沒有造地獄的業，你觀想就這樣子。

信佛了，加入三寶的行列，《地藏經》說的很清楚，如果念一部《地藏經》，如果念《大方廣佛華嚴經》、《法華經》，念大乘經典的名字，地獄沒有了，對你來說免疫了。皈依佛再不墮地獄，皈依法不墮餓鬼，皈依僧不墮畜生，你信嗎？曾經有位道友學佛二十多年了，「師父，我經常夢見下地獄，很苦，我怕得很。」我說：「你受三皈都二十多年了，滿腦子裡還是地獄！地獄！地獄！那你非下地獄不可，越怕越得去，根本沒有的事，爲什麼怕？這是你心裡有鬼，或者作了缺德事，不敢向我說，你才想到地獄。」

我們不作意，你受了三皈，佛已經給你免了，不受地獄苦，爲什麼還會想到這個問題呢？我們這些道友，有沒有想自己死了以後下地獄的？我想不會有，如果有的話，你一定要把他取消。你說我們皈依佛弟子，沒有下地獄的。

在美國，有一個不信佛的，他問我：「老和尚，如果你死了，會不會下地獄？」我瞅瞅他，我說：「下！」「啊，你都要下？」我說：「決定得下。」他問：「爲什麼？」我說：「地藏菩薩在地獄，我學的是地藏法，我是地藏菩薩的弟子，我不到地獄去找我的師父，到哪去找？」他說：「我說的下地獄不是那個下地獄。」我問：「那你說的哪個下地獄？」他說：「下地獄受罪。」我說：「地藏菩薩能在地獄受罪，我也能受罪，沒有關係。」他說：「地藏菩薩在地獄不受罪。」我說：「地藏菩薩在地獄裡不受罪，那我去地獄也不受罪。」這個很簡單，我說：「你要下地獄，一定要受罪。」他問：「爲什麼？」我說：「你謗毀三寶，不信佛。我們佛弟子，皈依佛了，都不下地獄。」他說：「不對吧？」我說：「怎麼不對？」「你們和尚自己說，地獄門前僧道多。」我問：「你是怎麼理解的？」他說：「你們和尚跟老道，不修行，那不下地獄嗎？」我說：「人家下地獄去幹什麼？是親近地藏菩薩，度你們去了，下地獄的是你不是我！你下地獄，你在這跟我結了緣，那我能把你忘了嗎？我忘不了你，我得到地獄找你，免得你受苦難。」

在社會上，必須得用辯才降伏魔道。謗毀三寶的，多得很。就看他問什麼，你就答覆什麼。地獄是從你的業緣起，再加上你現實的思想。雖然皈依佛了，佛告訴你不墮地獄，皈依佛了永不墮地獄，不但今生，永遠都不墮地獄。你不相信，認爲自己還下地獄，你就不信佛，不信佛，你不下地獄，上那去呢？你是佛弟子，不信佛，你不下地獄？這個問題看來很簡單，聽了大家發笑，這個邏輯就是這麼個邏輯。皈依三寶，給我免了。皈依免了，你不皈依了，你連信都不信了，還怎麼皈依。皈依只是個形式，你的心要念念念三寶，不能忘三寶。

一九九五年在臺灣，因爲有好多人問我如何修行，我就講了，題目就是〈修行〉。後來他們把我講的編寫成書，無論是大陸還是臺灣，都願意看。那裡講的，就像我這樣跟大家這樣講的。必須有個肯定的，不要到了廟裡我是佛教徒，皈依三寶，出到外面，跟你一幫朋友，什麼地方都去，卡拉〇K也去，酒館也去，賭博也賭博，股票你也要買。你是什麼佛弟子？不是佛弟子，你當然得下地獄。皈依佛了，不信佛，而且謗毀佛，非下地獄不可。

譭謗三寶是什麼罪嗎？下地獄是那樣的下。眞正皈依三寶，不但地獄不下，餓鬼不墮，畜生不墮。皈依佛法僧三寶，不墮畜生餓鬼。三皈三結，佛教讓你念經拜佛，都告訴你一心，不要三心，三心二意在佛門內得不到佛門的好處，要一心一意，只有佛或者觀世音菩薩，在你心臟、腦殼永遠是佛，阿彌陀佛也好，釋迦牟尼佛也好，藥師佛也好，只要一切佛，經常觀想佛在你腦殼坐著，什麼災難都免了。

有時候，妄想是妄。帶個像，或者帶觀音像，或者帶地藏像，最好是帶地藏像、觀音像。我不是跟你們說瞎話，我現在就帶地藏像，不過是玉的。人家說帶這個像，老和尚打個跟斗，不會摔壞的，這都是沒用的。這是表法，你一摸他，一定腦殼上坐著佛，阿彌陀佛坐在腦殼上。

密宗的觀想非常殊勝，密宗的密就是讓你去想。「嗡阿吽」，讓你把你的身口意，轉變成觀音菩薩的身口意。觀音菩薩的教義，在西藏裡很多，綠度母、白度母、大白傘蓋，乃至面然大士、馬頭明王。在漢地，觀世音菩薩現的多慈悲；在西藏可不是這樣，西藏的觀音菩薩現的都是憤怒相，信不信？不信我砸你，馬頭明王就這樣子。

大菩薩對哪一類眾生示現什麼相，對哪一類眾生，他又示現什麼相。為什麼他有那麼多法門呢？這些法門都是對著你而存在的。你存在哪一法，感覺著跟哪一項相應，你就修哪一法，一修非常的快。

在我們這個國土，或者東南亞，或者東北亞，大概是以觀世音菩薩為主，「家家觀世音」。我剛開始跟大家講，不要把觀世音體會錯了。大家會背《心經》，還要觀自在。觀世音也要觀，觀自在也要觀。觀什麼呢？就是讓你要會想，會思惟，會緣念。緣念什麼呢？緣念世間事物都是假的，看破放下你就自在了。你能看破放下了，你就是觀自在。誰觀誰自在，誰不觀不自在。那觀想錯誤了，不但不自在，還要受束縛。

「皈依佛、皈依法、皈依僧」，就是最好的修行，若是別的法門都不會，你能「皈依佛、皈依法、皈依僧」就已經夠了，對了生死，你用不完，「皈依佛、皈依法、皈依僧」，就夠你學的了。像我們在家的事情很多，臨睡覺的時候，什麼都別想，只有一個念頭，「皈依佛、皈依法、皈依僧」，早晨一睁開眼睛，第一個念頭，「皈依佛、皈依法、皈依僧」。二十四小時，讓它結合到一起，除了佛法僧三寶，別的沒有了，那還不解脫嗎？一切災難都免了。什麼咒都不念，三皈依就夠了；西藏要加上一個「皈依上師」，西藏不是皈依三寶，而是皈依四寶。

爲什麼加上一個「皈依上師」？大家理解錯了。皈依上師，或者受了三皈，以爲就皈依這位老和尚，不是這個意思。「上師」是指你受法的本尊。你修文殊法，文殊師利菩薩是你的本尊，是你的上師；學觀音法，觀音菩薩是你的本尊、是你的上師，你先念「南無皈依觀世音菩薩」，之後「南無皈依佛。南無皈依法。南無皈依僧。」你要知道，每一法，不說你不明，必須得說。懂得這個道理了，你再作起來就很容易。不懂得道理，東摸西摸，東撞西撞，受密宗灌頂，連上師的名字也不知道。今天這位法師講《藥師經》，就念藥師佛，消災免難了；明天又來一位法師講《阿彌陀經》，就又念阿彌陀佛；後天我講文殊法，他又修文殊師利菩薩。

經常換跑道，換錯了跑道很危險。我們這就是換了跑道，出了問題，所以不要亂跑。跑道一條，你跑到了嗎？目的達到就行了嗎？不是這樣嗎？所以導航的人很重要。

還有，師父領進門，修行在個人。我告訴你們不要簡擇，不要分別；但是有的時候，你又非簡擇不可，非分別不可，那要看你的智慧。三皈依之後，還要作三皈的三結，「皈依佛生生世世不皈依外道天魔、皈依法生生世世不信奉外道邪教、皈依僧生生世世不跟隨外道門徒」，這個你可要簡擇了。

國家圖書館出版品預行編目資料

禪・簡單啓示 / 夢參老和尚主講 ; 方廣編輯部彙編整理.
— 2版. — 臺北市 : 方廣文化, 2015.08
面 ; 公分
ISBN 978-986-7078-65-0(精裝)
1.禪宗 2.佛教修持
226.6 104013486

禪・簡單啓示【增訂版】

主　　講：夢參老和尚
編輯整理：方廣文化編輯部
攝　　影：仁智
出　　版：方廣文化事業有限公司
住　　址：台北市大安區和平東路-
電　　話：*886-2-2392-0003*
傳　　真：*886-2-2391-9603*
劃撥帳號：*17623463* 方廣文化事業有限公司
網　　址：*http://www.fangoan.com.tw*
電子信箱：*fangoan@ms37.hinet.net*

◎地址變更:2024年已搬遷
通訊地址改爲106-907
台北青田郵局第120號信箱
(方廣文化)

裝　　訂：精益裝訂股份有限公司
出版日期：公元2018年9月 2版3刷
定　　價：新台幣220元(軟精裝)
經 銷 商：飛鴻國際行銷有限公司
電　　話：*886-2-8218-6688*
傳　　真：*886-2-8218-6458*
行政院新聞局出版登記證：局版臺業字第六〇九〇號
ISBN： *978-986-7078-65-0*

方廣文化出版品目錄〈一〉

夢參老和尚系列

書籍類

● 華 嚴

H203 淨行品講述
H224 梵行品新講
H205 華嚴經普賢行願品講述
H206 華嚴經疏論導讀
H255 普賢行願品大意
H208 淺說華嚴大意
HP01 大乘起信論淺述
H209 世主妙嚴品(三冊)【八十華嚴講述 ①②③ 】
H210 如來現相品・普賢三昧品【八十華嚴講述④】
H211 世界成就品・華藏世界品・毘盧遮那品【八十華嚴講述⑤】
H212 如來名號品・四聖諦品・光明覺品【八十華嚴講述⑥】
H213 菩薩問明品【八十華嚴講述⑦】
H214 淨行品【八十華嚴講述⑧】
H215 賢首品【八十華嚴講述⑨】

● 地藏三經

地藏經

D506 地藏菩薩本願經講述(全套三冊)
D516 淺說地藏經大意

占察經

D509 占察善惡業報經講記(附HIPS材質占察輪及修行手冊)
D512 占察善惡業報經新講《增訂版》

大乘大集地藏十輪經 D507(全套六冊)

D507-1 地藏菩薩的止觀法門(序品 第一冊)
D507-2 地藏菩薩的觀呼吸法門(十輪品 第二冊)
D507-3 地藏菩薩的戒律法門(無依行品 第三冊)
D507-4 地藏菩薩的解脫法門(有依行品 第四冊)
D507-5 地藏菩薩的懺悔法門(懺悔品 善業道品 第五冊)
D507-6 地藏菩薩的念佛法門(福田相品 獲益囑累品 第六冊)

方廣文化出版品目錄〈二〉

夢參老和尚系列

書籍類

● 楞嚴

LY01 淺說五十種禪定陰魔—《楞嚴經》五十陰魔章
L345 楞嚴經淺釋 (全套三冊)

● 天台

T305 妙法蓮華經導讀

● 般若

B410 般若波羅蜜多心經講述《合輯本》
B406 金剛經
B409 淺說金剛經大意

● 開示錄

S902 修行 ①
Q905 向佛陀學習【增訂版】②
Q906 禪・簡單啟示【增訂版】③
Q907 正念 ④
Q908 觀照 ⑤

DVD

D-1A 世主妙嚴品《八十華嚴講述》(60講次30片珍藏版)
D-501 大乘大集地藏十輪經 (上下集共73講次37片)
D-101 大方廣佛華嚴經《八十華嚴講述》
(繁體中文字幕 全套482講次 DVD 光碟452片)

CD

P-05 金剛般若波羅蜜經 (16片精緻套裝)

錄音帶

P-02 地藏菩薩本願經 (19卷)

方廣文化出版品目錄〈三〉

地藏系列

D503 地藏三經（經文版）
(地藏菩薩本願經、大乘大集地藏十輪經、占察善惡業報經)

D511 占察善惡業報經行法 (占察拜懺本)(中摺本)

華嚴系列

H201 華嚴十地經論
H202 十住毘婆沙論
H207 大方廣佛華嚴經 (八十華嚴) (全套八冊)

般若系列

B402 小品般若經
B403A 大乘理趣六波羅蜜多經
B404A 能斷金剛經了義疏(附心經頌釋)
B408 摩訶般若波羅蜜經(中品般若)(全套三冊)

天台系列

T302 摩訶止觀
T303 無量義經 (中摺本)
T304 觀普賢菩薩行法經(中摺本)

部派論典系列

S901A 阿毘達磨法蘊足論
Q704 阿毗達磨俱舍論 (全套二冊)
S903 法句經(古譯本)(中摺本)

瑜伽唯識系列

U801 瑜伽師地論(全套四冊)
U802A 大乘阿毗達磨集論
B803 成唯識論
B804A 大乘百法明門論解疏
B805 攝大乘論暨隨錄

憨山大師系列

HA01 楞嚴經通議(全套二冊)

方廣文化出版品目錄〈四〉

密宗系列

M001 菩提道次第略論釋 (全套四冊)
M002 勝集密教王五次第論
M003 入中論釋
M004 大乘寶要義論(諸經要集)
M006 菩提道次第略論
M007 寂天菩薩全集
M008 菩提道次第廣論
M010 菩提道次第修法筆記
M011 白度母修法(延壽法門修法講解)
M012 中陰-死亡時刻的解脫
M018 菩提道次第廣論集註(卷一～卷十三)
M019 佛教的本質-《佛教哲學與大手印導引》

能海上師系列

N601 般若波羅蜜多教授現證莊嚴論名句頌解
N602 菩提道次第論科頌講記
N345 戒定慧基本三學
N606 能海上師傳
N607 現證莊嚴論清涼記
N608 菩提道次第心論

論頌系列

L101 四部論頌
(釋量論頌 現證莊嚴論頌 入中論頌 俱舍論頌)
L102 中觀論頌 (中摺本)
L103 入菩薩行論頌 (中摺本)
L104A 彌勒菩薩五部論頌
L105A 龍樹菩薩論頌集
L106 中觀論頌釋
R001 入中論頌 (小摺本)

方廣文化出版品目錄〈五〉

南傳佛教系列

SE01 內觀基礎
SE04 緬甸禪坐
SE05 七種覺悟的因素
SE06 南傳大念處經(中摺本)
SE07 三十七道品導引手冊《阿羅漢的足跡增訂版》
SE08 內觀基礎《從身體中了悟解脫的真相》
SE09 緬甸禪坐《究竟的止觀之道》(增訂版)

其他系列

Q701 單老居士文集
Q702 肇論講義
Q703B 影 塵-倓虛老法師回憶錄
Q705 佛學小辭典 (隨身版)
ZA01 參 禪《虛雲老和尚禪七開示》
ZA02 禪淨雙修《虛雲老和尚開示錄》
Z005《禪宗公案》-李潤生著

方廣文化事業有限公司
http://www.fangoan.com.tw